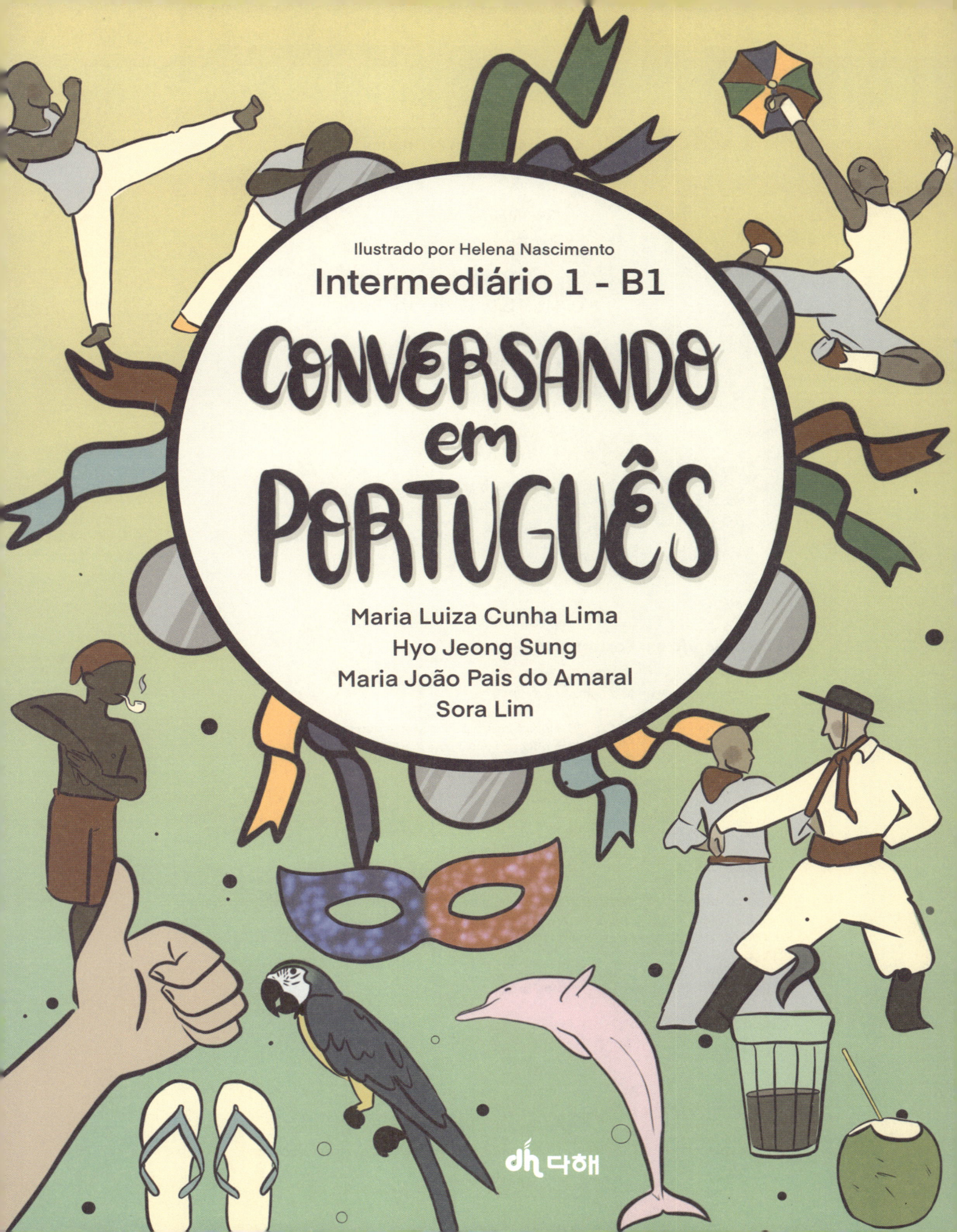

Conversando em Português

Nível Intermediário 1 – B1

Autoras
Maria Luiza Cunha Lima
Hyo Jeong Sung
Maria João Pais do Amaral
Sora Lim

Ilustrações
Helena Nascimento

Conversando em Português

This paperback edition first published in 2019

© 2019 Dahae Publishing Co. Ltd. except for editorial material and organization
© 2019 Maria Luiza Cunha Lima, Hyo Jeong Sung, Maria João Pais do Amaral, Sora Lim

Published in the Republic of Korea by Dahae, Seoul
(04555) 29, Chungmu-ro, Jung-gu, Seoul, Republic of Korea
Tel: +82-2-2266-9247
E-mail: dhp9247@empas.com

Publication Date: September 30, 2019

All rights reserved. No part of this publication may be reproduced, stored in a retrieval system, or transmitted, in any form or by any means, electronic, mechanical, photocopying, recording or otherwise without the prior written permission of the publisher.
First published 2019

ISBN 979-11-5556-146-1(93770) paperback

Price KRW: 20,000(won)

본 교재는 2018년 정부 (교육부 국립국제교육원) '특수외국어교육 진흥 사업'의 지원을 받아 수행된 결과입니다.
(CFL-한국외-2018-포브-C-1)
This work was supported by 2018 Research Fund of Critical Foreign Languages Education Promotion (CFL).

Sumário

Unidade	Conteúdo gramatical	Objetivos	Página
I. Em Roma faça como os romanos	- Imperativo	- Como dar instruções - Como explicar regras e convenções - Modos de cumprimento no Brasil	1
II. Quem vê cara não vê coração	- Pretérito imperfeito do indicativo - Uso dos verbos ter, ser e usar	- Descrição de características físicas - Discussão sobre diferentes padrões de beleza	13
III. Era uma vez...	- Pretérito imperfeito do indicativo vs. Pretérito perfeito do indicativo	- Contar histórias - Mudanças de hábito - Descrição de enventos contínuos no passado	35
IV. Na hora H	- Uso dos verbos ter, pegar e dever - Modalização deôntica	- Partes do corpo humano - Descrição de doenças e sintomas - Contraste dos verbos dever, poder e ter que	45
V. Cada macaco no seu galho	- Grau do adjetivo: aumentativo, diminutivo, superlativo - Ordem do sintagma nominal	- Fazer comparações - Descrever personalidade - Revisar profissões	55
VI. Deixe a vida me levar	- Descrição de tempo - Verbos haver e ter	- Organizar narrativas de maneira cronológica - Expressar planos e intenções	69
VII. O que você faria?	- Futuro do pretérito	- Descrição de acontecimentos que deixaram de ocorrer - Dar conselhos e sugestões	77
VIII. Se eu fosse você...	- Imperfeito do subjuntivo	- Falar de maneira hipotética	87
IX. Bata na madeira	- Futuro do subjuntivo	- Fazer planos - Contraste de situações irreais ou hipotéticas com planos concretos	93
X. Não ponha o carro na frente dos bois	- Formação de palavras: sufixo e prefixo	- Entender o processo de formação de palavras para poder deduzir o sentido de palavras novas	103
Anexos			113

Prefácio

O objetivo de "Conversando em Português" é dar ao professor de português como língua adicional recursos que facilitem o uso da fala na sala de aula e ajudem os alunos a se expressarem de maneira livre e divertida ao mesmo tempo em que os elementos linguísticos se tornam mais familiares para eles.

Todos os capítulos começam com a seção "Entrando na Conversa", onde a estrutura que procuramos praticar é apresentada dentro de um tema que facilite aos alunos compreender o seu uso e o que a estrutura significa.

Em seguida, a seção "Aprofundando o Assunto" traz exercícios que permitem ao aluno usar o vocabulário e a estrutura gramatical da lição. Já em "Gramaticalmente Falando" há uma explicação em que a forma e a função da construção gramatical são explicitadas e praticadas.

Por fim, a seção "Brincando e Aprendendo" traz diversas dinâmicas e jogos para a sala de aula que incentivam a produção dos alunos e a interação entre eles. O objetivo das atividades do brincando e aprendendo é facilitar a fala do aluno sem pressões excessivas com correção gramatical e incentivando acima de tudo a fluência e a expressividade linguísticas.

Além disso, o livro procura focar nas necessidades específicas dos alunos que têm o coreano como língua materna. Para isso, usa elementos da cultura coreana procurando os temas mais relevantes e próximos ao universo dos alunos. Por outro lado, as explicações e exemplos são baseados nas dúvidas e dificuldades comuns dos alunos coreanos quando entram em contato com o português.

Esperamos com este trabalho contribuir para suprir uma lacuna importante que encontramos nos materiais didáticos: a falta de recursos para ensinar Português a falantes de línguas distantes, especialmente o coreano.

Esse trabalho não teria sido possível sem o apoio do projeto "Promoção do Ensino de Línguas Estrangeiras em Situação Crítica" (Critical Foreign Languages Education Promotion) financiado pelo Instituto Nacional de Educação Internacional (NIIED). Agradecemos também ao apoio do Departamento de Português da Hankuk University of Foreign Studies (HUFS). Pudemos, além do mais, contar com o espaço físico do Centro de Língua Portuguesa Camões da HUFS e com o apoio de suas monitoras. E, finalmente, agradecemos aos nossos alunos que comentaram e ajudaram a testar o presente material.

As Autoras

UNIDADE I: Em Roma, faça como os Romanos

Conversando em Português

I. Em Roma faça como os romanos

ENTRANDO NO ASSUNTO

■ ■ ■

No Brasil, todo o mundo se cumprimenta com beijinhos. Veja como é:

https://www.youtube.com/watch?v=_36digBq6Mk&t=83s

Agora é a sua vez: como se cumprimenta na Coreia?

Antes de viajar, pesquise as regras de etiqueta do país.
Diferentes culturas têm suas próprias regras de etiqueta. Conheça e respeite os costumes locais e evite constrangimentos. Leia, a seguir, regras de algumas culturas. Tente adivinhar de que país se trata e escreva o número dessas regras ao lado da bandeira do país.

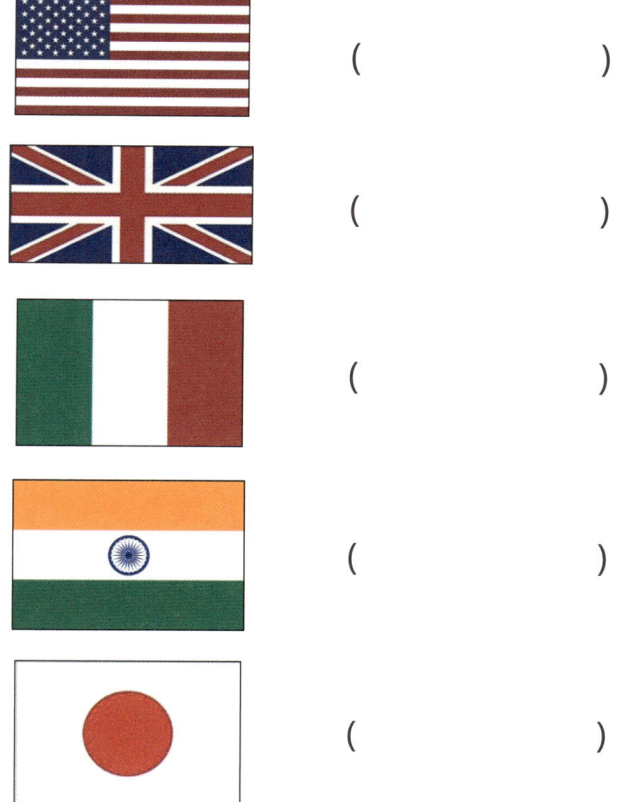

1. Sempre deixe gorjeta nos restaurantes e nos táxis. Não se esqueça de verificar a porcentagem recomendada.

Um não é um não. Nunca insista.

2. Compareça aos compromissos na hora marcada, pois a pontualidade é muito importante.

Sirva chá às 5 da tarde.

3. Não use colher na hora de comer arroz. Coma só com palitinhos* nas refeições. Tome a sopa diretamente da tigela. *hashi

Nos restaurantes, sempre divida a conta com os colegas de trabalho.

4. Aceite bebidas oferecidas pelo anfitrião.

Nunca receba nada com a mão esquerda.

5. Nos restaurantes, quando receber a conta, não faça muitas perguntas. O dono pode achar que você está duvidando dele.

Durante a refeição, nunca enrole o espaguete na colher.

Conversando em Português

I. Em Roma faça como os romanos

APROFUNDANDO A CONVERSA

Gostou das dicas? Agora complete a tabela abaixo com todos os verbos no imperativo. Separe de acordo com a terminação na forma básica (-AR, -ER, -IR).

Verbos em –AR	Verbos em –ER	Verbos em -IR
Pesquise	Conheça	Insista

O imperativo é formado a partir da primeira pessoa do presente do indicativo. Comprove preenchendo a tabela abaixo com os mesmos verbos no presente do indicativo.

Verbos em –AR	Verbos em –ER	Verbos em -IR
Pesquiso	Conheço	Insisto

Conversando em Português

Depois de comparar as duas tabelas, complete as lacunas abaixo com a regra de conjugação do imperativo em verbos regulares.

Verbos terminados em –AR	
Pesquiso	Pesquis_____
Verbos terminados em –ER	
Conheço	Conheç_____
Verbos terminados em –IR	
Insisto	Insist_____

Ouça a música de Leandro e Leonardo e complete as lacunas com os verbos no imperativo.

_____ *(pensar) em mim*
Leandro e Leonardo

Em vez de você ficar pensando nele
Em vez de você viver chorando por ele
_____ em mim, _____ por mim
_____ pra mim, não, não _____ pra ele
_____ em mim, _____ por mim
_____ pra mim, não, não _____ pra ele
Pra ele! Não _____ por ele!
Se _____ que eu há muito tempo te amo
Te amo! Te amo!
Quero fazer você feliz
Vamos pegar o primeiro avião
Com destino à felicidade
A felicidade pra mim é você

Douglas Maio, José Ribeiro, Mario Soares

Compare os verbos com a tabela acima e veja se todos estão de acordo com a regra de formação do imperativo que você acaba de aprender.

Como você deve ter percebido, algumas vezes o presente do indicativo ("liga") substitui o imperativo ("ligue") em situações informais e coloquiais. Apesar de ser comum, você deve evitar essa forma, principalmente na escrita.

GRAMATICALMENTE FALANDO

Até aqui, você viu apenas a conjugação na segunda pessoa do singular – você.
Essa forma é a mais usada de todas. Mas vamos conhecer as outras.

-AR	-ER	-IR	
Pesquise	Conheça	Insista	Você
Pesquise	Conheça	Insista	Ele/Ela
Pesquisemos	Conheçamos	Insistamos	Nós
Pesquisem	Conheçam	Insistam	Vocês
Pesquisem	Conheçam	Insistam	Eles/Elas

Problema 1: E eu? Onde foi parar o EU?

Não existe a primeira pessoa do singular no imperativo porque uma pessoa não pode dar ordem para si mesma.

Problema 2: Por que o verbo vem antes do pronome?

Normalmente, o imperativo é usado sem pronome. Porém, quando aparece, o pronome sempre vem depois do verbo.

Reparou que a grafia do verbo 'conhecer' tem de ser alterada em quase todas as pessoas? Há mais verbos assim. Veja quais, como e porquê.

Grafia dos verbos que terminam em CER
- Conhecer   Conheça
- Aparecer   Apareça
- Agradecer   Agradeça

Grafia dos verbos que terminam em ÇAR
- Dançar   Dance
- Abraçar   Abrace
- Começar   Comece

Grafia dos verbos que terminam em CAR
- A pronúncia é igual, mas na escrita, precisamos substituir o c pelo qu para manter a pronúncia.
- Por exemplo, ao invés de brince, escrevemos brinque.
- Brincar   Brinque
- Tocar   Toque
- Ficar   Fique

- A mesma coisa acontece com verbos terminados em GAR. Para manter a pronúncia, mudamos a escrita para gue.
- Pagar   Pague
- Entregar   Entregue
- Jogar   Jogue

I. Em Roma faça como os romanos

Conversando em Português

I. Em Roma faça como os romanos

1. Complete as lacunas com os verbos abaixo no imperativo.

Regras de etiqueta no Brasil

a. Não _____ de dinheiro. Não _____ quanto você ganha e nem _____ o salário de outras pessoas.

b. _____ atrasado em eventos sociais como festinhas. Se você chegar na hora, vai ter que esperar pelos outros por muito tempo, sozinho.

c. Não _____ sincero demais. Os brasileiros evitam falar muito diretamente. Se tiver que recusar um convite a uma festa, _____ direitinho o motivo pelo qual você não pode ir. Se não tiver uma boa explicação, _____ alguma coisa.

d. Não _____ enquanto tiver comida na boca.

e. Sempre _____ desculpas quando esbarrar em alguém.

f. _____ as pessoas nos elevadores e corredores.

g. Se recebeu um presente, _____ no mesmo momento.

h. Sempre _____ café fresco para suas visitas.

Fazer   Explicar
Abrir   Ser
Cumprimentar   Chegar
Pedir   Perguntar
Beber   Falar
Inventar   Dizer
               Servir

Percebeu que o verbo "ser" é irregular? Conheça outros verbos completamente irregulares.

Ser → Seja   Dar → Dê
Estar → Esteja   Querer → Queira
Haver → Haja   Saber → Saiba

2. O imperativo é muito usado para instruções. Complete a receita de gimbab abaixo com os verbos no imperativo.

Ingredientes

Modo de fazer

a. _____ o arroz. (preparar)
b. _____ os ovos. (bater)
c. _____ ao fogo médio os ovos batidos. (levar)
d. _____ o ovo em tiras. (cortar)
e. _____ a cenoura (ralar).
f. _____ a cenoura ralada (refogar).
g. _____ o espinafre lavado em água quente. (ferver)
h. _____ o kani, o presunto e o nabo em conserva. (reservar)
i. _____ o arroz sobre uma folha de alga com todos os outros ingredientes no meio. (espalhar)
j. _____ tudo e _____ em rodelas. (enrolar) (cortar)

Bom apetite!

Conversando em Português

BRINCANDO E APRENDENDO

1. Jogo

O professor divide a turma em grupos. Cada grupo vai escolher um colega "atleta" e os demais membros do grupo vão criar um circuito com 8 atividades a serem executadas pelo "atleta". Ganha o grupo cujo atleta completar o mais rápido o circuito de 8 atividades do seu próprio grupo.

2. Criar um manual sobre a etiqueta coreana

Ainda em grupos, imagine que um estudante brasileiro acabou de chegar na Coreia. Ajude esse recém-chegado apresentando quatro regras de etiqueta que ele deve seguir para ser bem educado aqui na Coreia.

_____
_____
_____
_____
_____
_____
_____
_____
_____

I. Em Roma faça como os romanos

UNIDADE II: Quem vê cara, não vê coração

Entrando no assunto

Agora é hora de jogar com o Kahoot!, que é um aplicativo para toda a turma jogar com o celular.
Para começar, pegue o seu celular e entre no endereço *kahoot.it*.
Você deverá ver a seguinte tela:

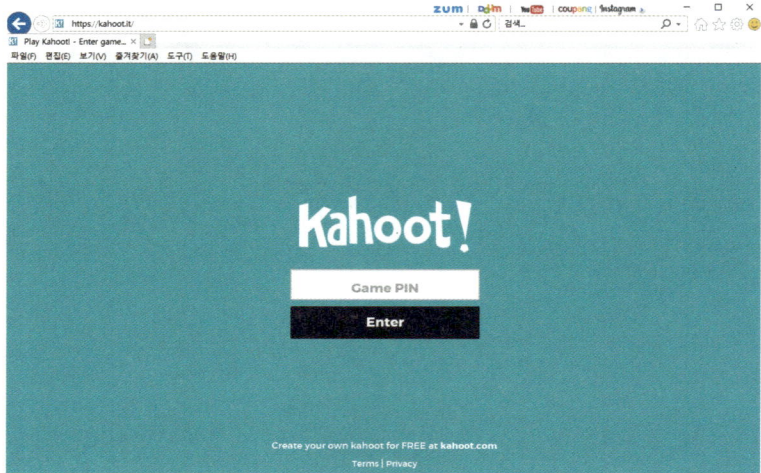

O professor vai projetar no telão da sala o pin que você deve inserir no campo Game PIN.

Colocou o pin? Agora estamos prontos para jogar.

Como jogar Kahoot!

https://play.kahoot.it/#/k/8147eb25-8844-47ea-b60e-d91049ffd32d

Como eram as coisas antigamente?

https://play.kahoot.it/#/k/8147eb25-8844-47ea-b60e-d91049ffd32d

Século XVI

Antigamente, para ser bonita, tinha que ser gordinha e ter o cabelo comprido.

Cabelo comprido e cacheado

Olhos pequenos

Nariz pequeno

Pele clara

Corpo gordinho

Simonetta Vespucci como ninfa, Botticelli, Museu do Estado de Frankfurt

Século XIX

Na Coreia, as mulheres tinham que ter pele clara, um nariz pequeno e pés também pequenos.

Nariz pequeno

Pele clara

Pés pequenos

Miindo, Yoonbok Shin, Museu de Arte Gansong

Século XX

No começo do século XX, o homem bonito usava cabelo curto, bem penteado. O cabelo e o bigode eram pretos, mas a pele era clara. Era bonito ter bigode.

Nos anos 60, o homem bonito tinha o queixo quadrado, era bronzeado e atlético.

Nos anos 40, Carmem Miranda era muito colorida, tinha olhos grandes, boca grande e usava roupas extravagantes. Tinha sobrancelhas fortes e marcadas.

Sônia Braga era uma atriz muito popular no Brasil nos anos 80.
Ela era morena, tinha cabelão cacheado.

Século XXI

Hoje em dia, o homem bonito no ocidente é alto, musculoso e usa barba e bigode.

A mulher bonita também é alta, bronzeada, muito magra e tem pernas longas.

Enquanto isso, na Coreia, a mulher bonita tem pernas finas, é magra e tem o rosto pequeno e oval.

O homem bonito, na Coreia, tem pele clara e olhos grandes. É atlético mas precisa ser magro.

APROFUNDANDO A CONVERSA

Vamos ver algum vocabulário de descrição das pessoas.

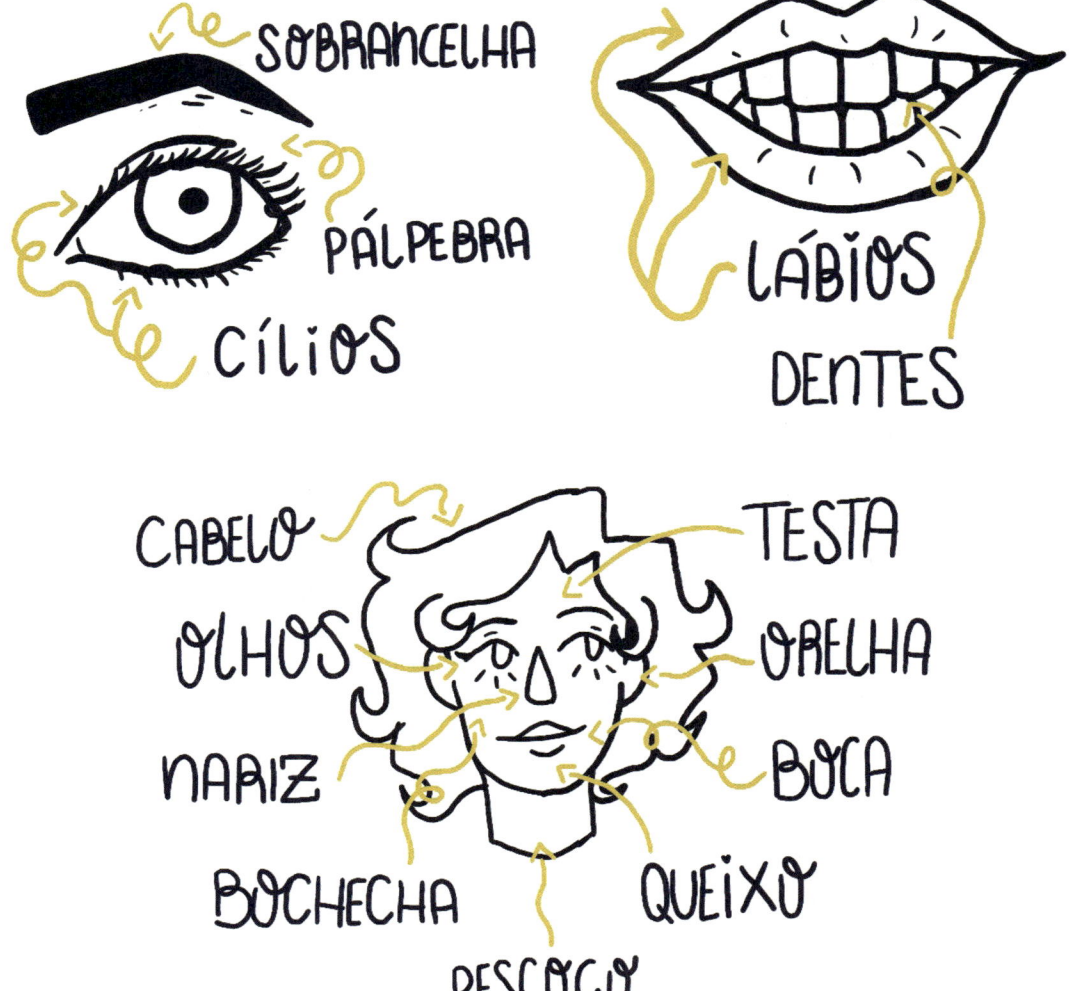

Tipo de cabelo	Comprimento do cabelo
 CACHEADO	 CURTO
 LISO	 MÉDIO
 CRESPO	 LONGO
 CARECA	

Cor de cabelo

RUIVO

CASTANHO

BRANCO

GRISALHO

PRETO

LOIRO/LOURO

Cor de olhos

AZUL

VERDE

CASTANHO

Formato de rosto

OVAL · QUADRADO · REDONDO

Altura

BAIXO ALTO

Tipos físicos

O Brasil é um país multicultural, com grande mistura de povos. Veja alguns termos que você pode usar para descrever cores de pele, etnias e raças.

Negro
Branco
Moreno
Asiático / Oriental
Indígena

GRAMATICALMENTE FALANDO

Usamos o verbo ser para características gerais como faixa etária, etnia e tipo de corpo.

Exemplos:
Eu sou alto.
Ana era magra e bonita.
Eles são jovens e fortes.
Pedro era gordinho.
Vocês são orientais.

Usamos o verbo ter para características específicas como tipo de rosto, cabelos, etc. Ela tem cabelo curto e castanho.

Ela tem franja.
Ela tem grandes olhos azuis.
Ela tem o nariz pequeno.
Ela tem a boca pequena e lábios vermelhos.

Para roupas, usamos o verbo usar.

PRESENTE	PASSADO	FUTURO
Eu estou usando jeans e camiseta. No presente, geralmente usamos o tempo contínuo.	Pedro usou um casaco preto e uma calça cinza.	Ana vai usar um vestido azul para a festa.

1. Você lembra dos nomes das peças de roupa e de acessórios? Quais nomes você consegue acrescentar à lista abaixo?

a. Camisa
b. Calça
c. Vestido
d. Casaco
e. Sapato
f. Meia
g. Óculos de sol
h. _____
i. _____
j. _____
k. _____
l. _____
m. _____
n. _____

2. Que roupa você está usando agora?

_____
_____
_____
_____
_____
_____

3. Que roupa você estava usando ontem?

_____
_____
_____
_____
_____
_____

Gramática do imperfeito

O imperfeito geralmente é usado para descrever ações da rotina, hábitos e costumes do passado. Chama-se imperfeito porque sabemos que a ação durou no passado, mas a sentença não fala exatamente qual essa duração. Muitas vezes, quando queremos descrever algum costume, hábito ou rotina que temos agora, usamos o presente. Mas se falamos do passado, usamos o imperfeito.

Eu era criança. Agora eu sou adulto.

Antigamente, eu gostava de correr. Agora eu gosto de dormir.

No século XIX, as pessoas andavam a cavalo, hoje andam de carro.

As três conjugações (-AR, -ER, -IR)

PESSOA	-AR (FALAR)	-ER (FAZER)	-IR (DORMIR)
EU	FALAVA	FAZIA	DORMIA
VOCÊ	FALAVA	FAZIA	DORMIA
ELE	FALAVA	FAZIA	DORMIA
A GENTE / NÓS	FALAVA / FALÁVAMOS	FAZIA / FAZÍAMOS	DORMIA / DORMÍAMOS
VOCÊS	FALAVAM	FAZIA	DORMIA
ELES	FALAVAM	FAZIA	DORMIA

Verbos irregulares

PESSOA	SER	TER	VIR	PÔR
EU	ERA	TINHA	VINHA	PUNHA
VOCÊ	ERA	TINHA	VINHA	PUNHA
ELE	ERA	TINHA	VINHA	PUNHA
A GENTE / NÓS	ERA / ÉRAMOS	TINHA / TÍNHAMOS	VINHA / VÍNHAMOS	PUNHA / PÚNHAMOS
VOCÊS	ERAM	TINHAM	VINHAM	PUNHAM
ELES	ERAM	TINHAM	VINHAM	PUNHAM

Kahoot!

Correto ou incorreto?

https://create.kahoot.it/details/escolha-a-forma-correta-do-imperfeito/8fbd63be-ef8a-47ec-a3f3-f0e84d1cf7b5

Conversando em Português

BRINCANDO E APRENDENDO

Treinando o imperfeito

1. Elabore uma pergunta sobre cada assunto sugerido na tabela abaixo, usando o imperfeito. As perguntas devem ser respondidas somente com "sim" ou "não". Faça essas perguntas aos colegas e escreva, na tabela, o nome do colega que respondeu com um "sim". Ganha aquele que conseguir completar a tabela primeiro.

QUANDO VOCÊ ERA CRIANÇA...	NOME DO COLEGA QUE RESPONDEU "SIM"
Esporte	
Ir sozinho para a escola	
Jogos online	
Desenho animado	
Uniforme da escola	
Tarefas domésticas	
Casa da avó	
Festinha de aniversário	
Comida	
Animal de estimação	

2. Em pares, descreva as pessoas abaixo.

3. Retrato falado

Forme par com um colega. Um de vocês vai ser testemunha de roubo e o outro vai ser o policial. A testemunha vai descrever o suspeito usando as características abaixo. O policial vai desenhar o suspeito de acordo com a descrição. Depois de terminado o retrato, troque de papel com o seu par. Agora é a vez de a testemunha 2 descrever o suspeito 2.

SUSPEITO 1	SUSPEITO 2

SUSPEITO 1	SUSPEITO 2
Mulher	Velhinho
Cabelo comprido	Gordinho
Franja	Narigudo
Olhos grandes	Orelhas grandes
Dentuça	Bigode
Sobrancelha grossa	Testa larga
Cabeçuda	Calvo
Olhos brilhantes	Rugas profundas
Covinhas	Queixo quadrado

4. Quem sou eu?

Um aluno se posiciona de costas para o quadro onde o professor vai projetar foto de uma pessoa famosa. Esse vai fazer perguntas sobre a pessoa na foto para a turma responder com sim ou não. O objetivo é tentar adivinhar quem é a pessoa da foto. Ganha quem adivinhar em menos tempo.

5. Vamos fazer uma brincadeira tradicional brasileira chamada 'A velha'. A brincadeira começa com os versos seguintes, que se repetem:

"A velha debaixo da cama, a velha criava um gato.
Na noite que se danava, o gato miava e a velha dizia:
'Ai meu Deus, se acabou tudo! Tanto bem que eu te queria!'"

A cada repetição acrescentamos um animal e um verbo que descreve o seu comportamento.
"A velha debaixo da cama,
a velha criava **um cachorro.**
Na noite que se danava, o gato miava, **o cachorro latia** e a velha dizia:
'Ai meu Deus, se acabou tudo! Tanto bem que eu te queria.'"
Vamos jogar!

Conversando em Português

6. Antes da invenção...

Em pares, recorte as imagens do anexo I ao final do livro. Cada um dos jogadores vai escolher seis imagens, sem mostrá-las ao seu par. Faça sentenças com o que as pessoas faziam e não faziam antes dessas invenções para que o seu par adivinhe. Quem acertar mais, ganha o jogo.

Complete as sentenças com o que as pessoas faziam e não faziam antes dessas invenções.

Estudante A

? 1. Antes da invenção de _____ As pessoas _____ As pessoas não _____	**?** 2. Antes da invenção de _____ As pessoas _____ As pessoas não _____
? 3. Antes da invenção de _____ As pessoas _____ As pessoas não _____	**?** 4. Antes da invenção de _____ As pessoas _____ As pessoas não _____
? 5. Antes da invenção de _____ As pessoas _____ As pessoas não _____	**?** 6. Antes da invenção de _____ As pessoas _____ As pessoas não _____

II. Quem vê cara não vê coração

Estudante B

1. Antes da invenção de _____
As pessoas _____
As pessoas não _____

2. Antes da invenção de _____
As pessoas _____
As pessoas não _____

3. Antes da invenção de _____
As pessoas _____
As pessoas não _____

4. Antes da invenção de _____
As pessoas _____
As pessoas não _____

5. Antes da invenção de _____
As pessoas _____
As pessoas não _____

6. Antes da invenção de _____
As pessoas _____
As pessoas não _____

II. Quem vê cara não vê coração

UNIDADE III: Era uma Vez

Conversando em Português

ENTRANDO NO ASSUNTO

Eduardo e Mônica

Legião Urbana

Eduardo e Mônica _____ nada parecidos
Ela _____ de Leão e ele _____ dezesseis
Ela _____ Medicina e _____ alemão
E ele ainda nas aulinhas de inglês
Ela _____ do Bandeira e do Bauhaus
De Van Gogh e dos Mutantes
Do Caetano e de Rimbaud
E o Eduardo _____ de novela
E _____ futebol-de-botão com seu avô
Ela _____ coisas sobre o Planalto Central
Também magia e meditação
E o Eduardo ainda _____
No esquema "escola, cinema, clube, televisão"
Eduardo e Mônica _____ natação, fotografia
Teatro e artesanato e _____ viajar
A Mônica _____ pro Eduardo
Coisas sobre o céu, a terra, a água e o ar
Ele _____ a beber, _____ o cabelo crescer
E _____ trabalhar
E ela _____ no mesmo mês
Em que ele _____ no vestibular
E os dois _____ juntos
E também _____ juntos, muitas vezes depois
E todo mundo diz que ele completa ela e vice-versa
Que nem feijão com arroz

Dado Villa-Lobos, Renato Russo e Marcelo Bonfá

1. No trecho de 'Eduardo e Mônica' encontramos o imperfeito e o perfeito. Apesar de os dois se referirem ao passado, eles têm usos diferentes.

Analise todos os verbos que preencheram as lacunas na letra da canção e classifique-os de acordo com os usos descritos na tabela abaixo.

A_____			B_____	
DESCRIÇÃO DE SITUAÇÕES OU PESSOAS	HÁBITO / COSTUME / ROTINA	IDADE / HORA	AÇÃO PONTUAL	AÇÃO COM COMEÇO E FIM

2. Agora que você classificou os verbos, complete as lacunas A e B, dizendo qual é o perfeito e o imperfeito.

III. Era uma vez...

Conversando em Português

APROFUNDANDO A CONVERSA

1. Perfeito ou Imperfeito? Em cada par de sentenças abaixo, escolha a forma verbal correta.

a. Perguntar

A madrasta da Branca de Neve todo dia _____ ao espelho quem era a mais bela.

A madrasta da Branca de Neve _____ ao espelho quem era a mais bela e o espelho disse que era a Branca de Neve.

b. Gostar

A Márcia sempre teve cachorro e gato quando criança. Ela decidiu ser veterinária. A Márcia _____ de animais.

A Márcia visitou o Jardim zoológico ontem. Ela se divertiu muito. A Márcia _____ dos animais.

c. Comer

Na adolescência, o João ganhou trinta quilos e ficou gordinho porque _____ muito.

Na festa, o João ficou com a barriga doendo porque _____ muito.

d. Morar

A Susana fez intercâmbio em Londres entre junho de 2016 e junho de 2017. A Susana _____ em Londres por um ano.

A Susana passou todos os verões na casa de praia dos avós na infância. A Susana _____ na praia nas férias.

GRAMATICALMENTE FALANDO

Como você viu até agora, o imperfeito é usado para falar de uma ação que durou ou que se repetiu várias vezes no passado. Muitas vezes, usamos o imperfeito para descrever duas ações que estavam acontencendo ao mesmo tempo. Por exemplo:

A. Enquanto Maria dormia, Pedro estudava.

Nessa frase, observamos duas ações que duram ao mesmo tempo no passado.

Compare a frase A acima com a B abaixo.

B. Enquanto Maria dormia, a campainha tocou.

Na frase B, a ação de Maria dura enquanto a campainha toca num momento pontual.

Conversando em Português

III. Era uma vez...

C. Enquanto a campainha tocava, Maria dormiu.

A frase C só seria possível se a campainha tivesse tocado por muito tempo e Maria tivesse pegado no sono durante o tempo em que a campainha tocou. Ou seja, gramaticalmente falando, a frase está correta, mas a situação é realmente fora do comum.

1. Preencha as lacunas do texto com os verbos da lista no perfeito ou imperfeito. O mesmo verbo pode ser usado mais de uma vez.

ajudar	cozinhar	cuidar	fazer
haver	lavar	limpar	mandar
pegar	perder	ser	viver

Era uma vez três porquinhos que _____ felizes com a mãe. A mãe _____ bem dos filhos: _____, _____ a casa e _____ a roupa. _____ tudo por eles. Mas os filhos não a _____. Um dia, a mãe _____ a paciência e _____-os embora dando a cada um algum dinheiro. O porquinho mais novo _____ muito preguiçoso e fez uma casinha de palha. O porquinho do meio, que não _____ muito trabalhador, fez uma casinha de madeira. Já o porquinho mais velho, que _____ mais sábio, fez uma casinha de tijolos.

Depois de um tempo, um lobo percebeu que _____ porquinhos morando perto dele. O Lobo teve fome e decidiu comer os porquinhos. Primeiro, foi à casa de palha. Bateu à porta, mas o porquinho não abriu. Então, o Lobo começou a soprar e logo a casa voou pelos ares. O porquinho foi para a casa de madeira do irmão e o Lobo foi atrás. Chegando lá bateu à porta, mas os porquinhos não abriram. O Lobo soprou, soprou e a casa de madeira caiu. Os dois porquinhos esconderam-se na casa do irmão mais velho, mas o Lobo foi atrás. Quando chegou lá, bateu à porta, mas os porquinhos não abriram. O Lobo soprou, soprou, mas a casa _____ resistente e não caiu. Então, o Lobo resolveu tentar entrar pela chaminé. Mas o irmão mais velho percebeu e acendeu o fogo da lareira. Quando o Lobo entrou pela chaminé, o rabo dele _____ fogo e ele saiu correndo assustado. Então, os porquinhos compreenderam o valor do trabalho e viveram felizes para sempre.

III. Era uma vez...

Brincando e Aprendendo

1. Jogo de tabuleiro

Regras do jogo. Nesse jogo de tabuleiro, vamos falar da sua infância. Você joga o dado e anda com o seu peão para casas com perguntas ou com o assunto a ser tratado. Você deve sempre criar frases completas usando o imperfeito.

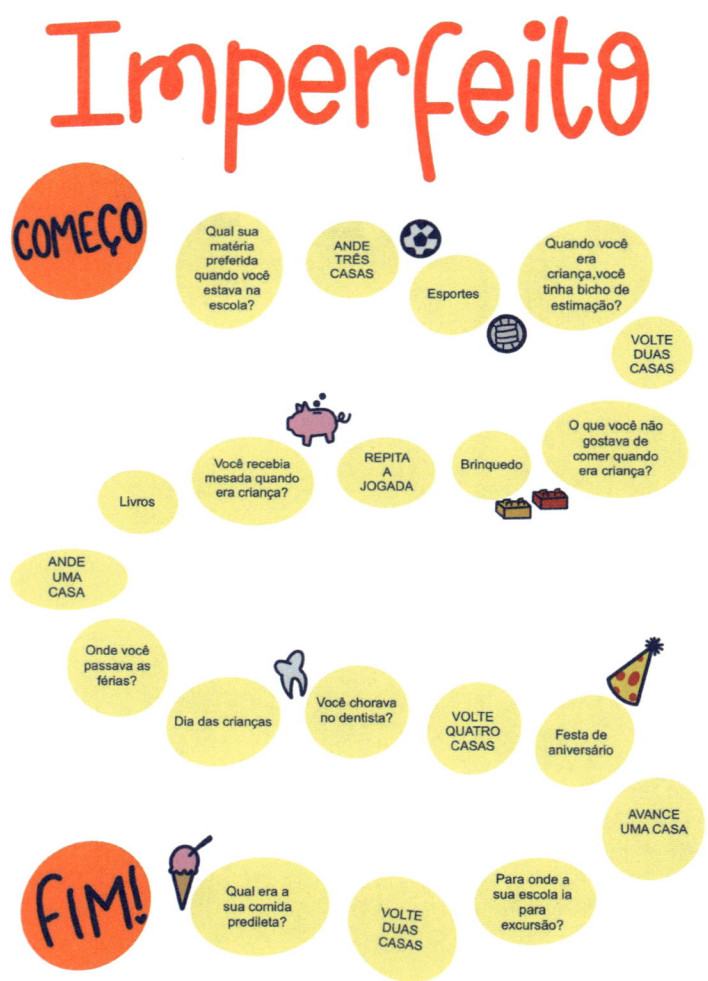

2. Trocando figurinhas

No final do livro, encontre e recorte as figurinhas no Anexo II. Forme pares ou trios com seus colegas. Distribua as figurinhas para que todos os participantes tenham a mesma quantidade. Agora procure o par certo para a imagem ou a frase que você tem em mãos. Ganha aquele que conseguir formar todos os pares imagem-frase corretos primeiro.

3. Kahoot!

Qual sentença é a melhor?

https://create.kahoot.it/details/qual-sentenca-e-melhor/238ab105-b021-4988-b0b7-2ebbf832d540

UNIDADE IV:
Na hora H

ENTRANDO NO ASSUNTO

Link do vídeo: https://www.youtube.com/watch?v=NWvkpEg1TN0

Responda depois de assistir o vídeo sobre a dengue.

A. Como começa a dengue?

B. Quais são os principais sintomas da dengue?

C. Quantas vezes você pode pegar dengue?

D. Que remédio você deve tomar?

APROFUNDANDO A CONVERSA

Corpo humano

1. Você consegue ligar esses nomes às partes do corpo?

a. Coxa
b. Cabeça
c. Cintura
d. Braço
e. Ombro
f. Nádegas / Bunda
g. Pé
h. Perna
i. Costas
j. Joelho
k. Cotovelo

IV. Na hora H

2. Alguns órgãos do corpo humano

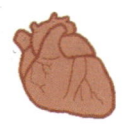
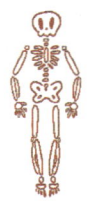
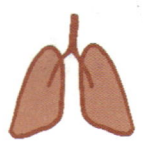

_____   _____   _____   _____

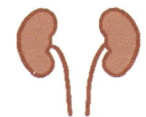
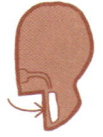

_____   _____   _____   _____

a. Coração
b. Fígado
c. Estômago
d. Pulmões

e. Osso / Esqueleto
f. Garganta
g. Cérebro
h. Rins

A: Bom dia, Seu João, tudo bem?
B: Ai, Doutora, bom dia, tudo mais ou menos.
A: O que o senhor está sentindo?
B: Estou com dor de garganta, dor de cabeça e tive muita febre ontem.
A: O senhor está com tosse?
B: Muita, Doutora, nem dormi essa noite, tossindo.
A: Não se preocupe, Seu João, é só uma gripe. Todo mundo está pegando essa gripe.
B: Acho que é mesmo, Doutora, lá em casa todo mundo pegou.
A: Eu vou passar um remédio para o senhor. Tome duas vezes ao dia, pela manhã e à noite. O senhor deve repousar e tomar bastante líquido. Se o senhor tiver qualquer sintoma, por favor, volte a falar comigo.

GRAMATICALMENTE FALANDO

IV. Na hora H

1. TER - TOMAR – PEGAR

Alguns verbos servem para muitas coisas. Preencha as lacunas abaixo com o verbo correto.

a. Pedro está fazendo muito exercício. O médico disse que ele deve _____ vitaminas.
b. Todo mês, Ana sente uma dor de cabeça muito forte. Parece que ela _____ enxaqueca.
c. Tereza tem um filhinho de um ano. Ele já _____ todas as vacinas.
d. Na escola é muito comum as crianças _____ conjuntivite umas com as outras.
e. Toda vez que eu viajo eu _____ alguma coisa. Nas últimas férias voltei com gripe.
f. Quando eu tomo café meu estômago dói. Acho que _____ gastrite.
g. Luiz morre de medo de _____ injeção.

2. Nós já começamos a preencher a tabela abaixo. Complete com outras doenças que você tem ou que você pode pegar.

DOENÇAS QUE VOCÊ PEGA	DOENÇAS QUE VOCÊ TEM
Gripe	Gastrite
Conjuntivite	Enxaqueca
...	...

Você consegue identificar a diferença?

Muitas vezes o nome da doença termina com –ite, como gastrite e conjuntivite. Isso significa que você tem uma inflamação.

Conjuntivite – inflamação no olho.
Gastrite – inflamação no estômago.
Rinite – inflamação no nariz.
Hepatite – inflamação no fígado.

3. Faça o diagnóstico. Ligue os sintomas à doença.

SINTOMA	DOENÇA
a. Dor de garganta, nariz entupido, dor de cabeça, tosse e espirro.	( ) Intoxicação alimentar
b. Dor no estômago, enjoo, vômito.	( ) Dengue
c. Dor de cabeça, febre alta, dor no corpo, dor nos músculos.	( ) Alergia
d. Manchas pelo corpo, coceira, espirros.	( ) Gripe

Repare na diferença: dor de cabeça X dor nos músculos.

Em português, algumas dores muito comuns têm nomes especiais.

Dor de cabeça

Dor de dente

Dor de garganta

Dor de barriga

Dor de ouvido

Para as outras dores você conta onde dói.

Dor no joelho

Dor nas costas

Dor no pé...

Como vimos, vários verbos em português podem ter usos muito variados e que mudam de acordo com o contexto. Por exemplo, o verbo TER, que, até essa unidade, apareceu com três significados diferentes.

Eu tenho um cachorro.   – Posse

Eu tenho alergia.   – Sintoma

Eu tenho que obedecer a lei.   – Obrigação

Outros verbos com comportamento semelhante nessa unidade são:

DEVER

Eu devo fazer exercícios.   – Recomendação/obrigação

Eu devo 10000 won a João. – Dívida

PEGAR

Maria pegou a mala e foi embora.   – Segurar/agarrar

Maria pegou gripe.   – Contaminar-se com uma doença

Maria pegou um ônibus.   – Tomar a condução/andar de

Todos esses verbos são chamados de verbos leves, ou seja, verbos que dependem do contexto para adquirir seu sentido. Outros exemplos são Haver, Tomar, Dar, Tirar. Todas as línguas têm esse tipo de verbo, por exemplo, em inglês *Get* e *Take* e em coreano 하다.

Conversando em Português

BRINCANDO E APRENDENDO

IV. Na hora H

1. Qual a melhor maneira de ficar saudável e em forma? Classifique os itens abaixo de um a dez em ordem de importância.

	Para ficar saudável e em forma, você deve	Minha ordem (1 a 10)	Colega (1 a 10)	Final
	dormir entre sete e nove horas por noite			
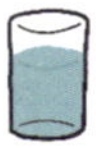	beber bastante água			
	comer frutas e vegetais todos os dias			
	fazer exercício regularmente			
	tomar um café da manhã saudável diariamente			
	evitar o estresse			
	não beber muito			
	ter uma boa vida social			
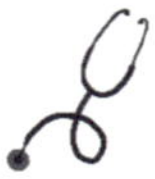	ir ao médico sempre			
	não fumar			

2. Agora, compare a sua tabela com a do seu colega. Discutam as escolhas e tentem chegar a um acordo.

3. Abaixo temos algumas atividades do dia a dia. Decida qual verbo é mais adequado: poder, dever, ter. Cada verbo deve ser usado 12 vezes.

Por exemplo: Você DEVE ajudar os outros, mas não é uma obrigação.
Você TEM que parar no farol vermelho, sem exceção.

Ajudar os outros	Chegar no horário	Se exercitar	Comer bem
Dormir muito	Comer pizza	Estudar inglês	Cozinhar
Pagar impostos	Obedecer a lei	Pagar suas contas	Lavar o cabelo
Faltar aula	Tomar banho	Falar alto	Mentir
Escolher uma profissão	Fumar no cinema	Comprar um carro	Fazer dieta
Pintar o cabelo de rosa	Fazer uma tatuagem	Comer	Economizar
Morar sozinho	Respeitar seus pais	Ter boas maneiras	Escovar os dentes
Descansar	Fazer fofoca	Fazer as tarefas	Fumar
Dormir	Viajar	Ir ao dentista	Ter uma conta de banco

4. Jogo da memória

Agora é hora do jogo da memória. Em grupo, vocês receberão dois jogos de cartas: um com imagens e o outro com a expressão que descreve as imagens. Coloque todas as cartas viradas para baixo. Cada um, na sua vez, tentará encontrar o par certo. Se achar o par, você leva as cartas. Ganha aquele que conseguir mais pares.

Encontre no anexo 3 o material para o jogo.

5. Discuta com o seu colega, imaginando que uma dessas situações do quadro abaixo aconteceu com você. Peça para o seu colega sugerir uma solução para cada uma delas, sempre usando PODER, DEVER e TER.

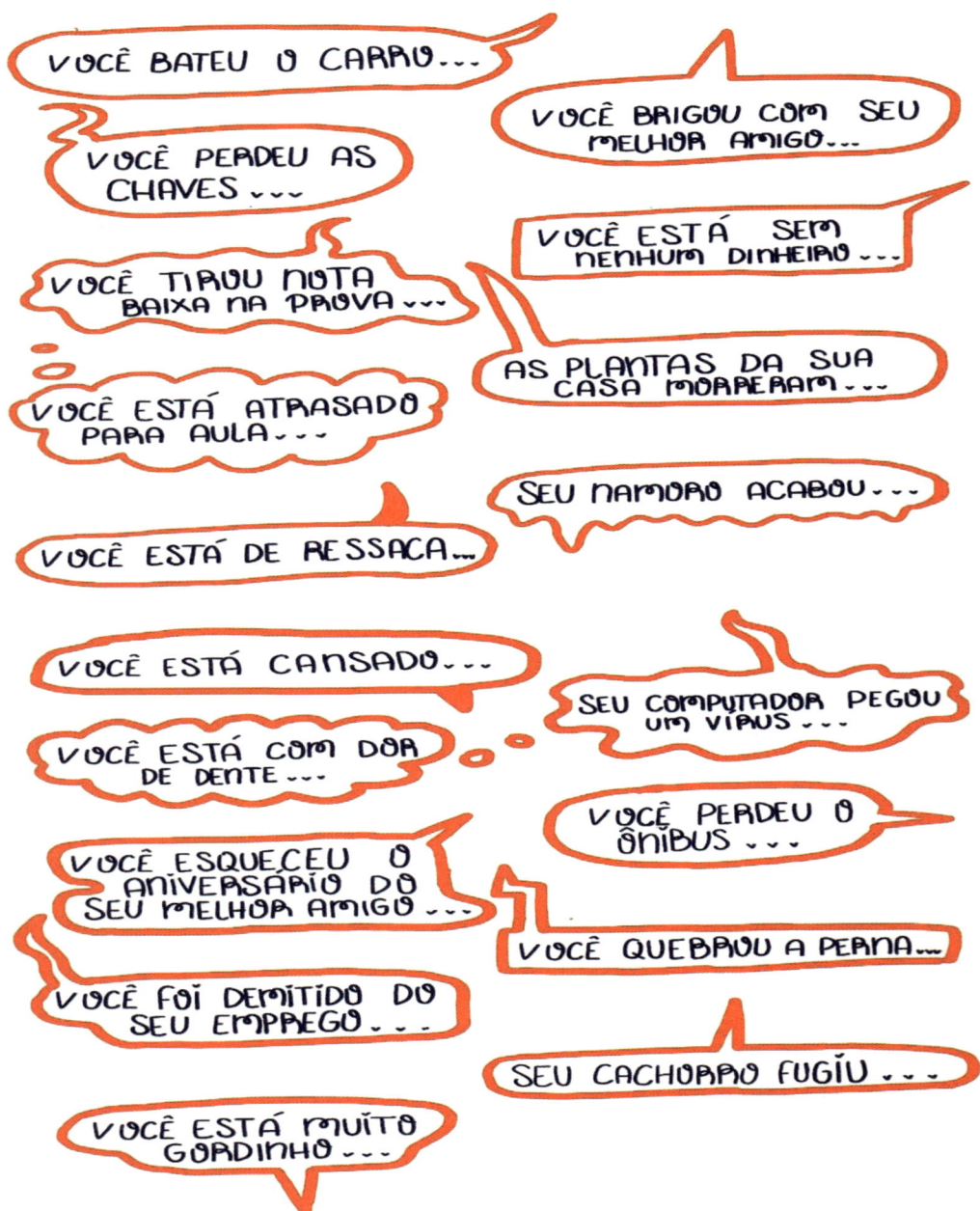

UNIDADE V: Cada macaco no Seu Galho

Conversando em Português

ENTRANDO NO ASSUNTO

V. Cada macaco no seu galho

A. Entreviste seus colegas para descobrir quem se identifica com as descrições abaixo. Escreva o nome do colega na coluna do nome e anote um exemplo que justifique. Ganha aquele que completar a ficha primeiro.

PERGUNTE AOS COLEGAS E DESCUBRA QUEM...	NOME	EXEMPLO	ADJETIVO
... gosta de coisas novas e aventuras.			
... tem muita energia e é muito ativo.			
... acidentalmente quebra ou derruba coisas.			
... trata todos bem e com muita atenção.			
... tem determinação de ter sucesso, ou ser rico.			
... se preocupa muito.			
... sempre trabalha muito.			
... sempre entende os sentimentos das outras pessoas.			
... gosta de mandar nos outros.			
... sempre faz escolhas e toma decisões rapidamente.			
... é relaxado e fácil de lidar.			
... gosta de novidades e de ficar sabendo de tudo.			
... sempre faz as pessoas rirem.			
... tem boas maneiras e respeito pelas pessoas.			
... sente pouco medo e é confiante.			
... tem bastante medo e gosta de evitar problemas.			

B. Agora vamos discutir os adjetivos que melhor descrevem os colegas da lista.

Entrando no assunto

V. Cada macaco no seu galho

Teste vocacional

Qual é a profissão que mais tem a ver com você? Faça o teste abaixo para descobrir.

1. Com qual dessas afirmações você concorda mais?

    a. Eu encontro todas as respostas para as minhas dúvidas nos livros.
    b. Não me importo com as opiniões dos outros.
    c. Toda vez que encontro um problema, tento raciocinar de forma lógica.
    d. Eu gosto de me relacionar com pessoas e tenho facilidade em me comunicar.
    e. Procuro estar em contato com a natureza.

2. Quais dessas qualidades melhor define sua personalidade?

    a. Paixão
    b. Criatividade
    c. Precisão
    d. Solidariedade
    e. Objetividade

Conversando em Português

V. Cada macaco no seu galho

3. Qual desses valores é o mais importante para você?

a. Relacionamento
b. Crescimento
c. Dinheiro
d. Imaginação
e. Praticidade

4. Escolha um passeio ideal nas férias.

a. Visitar a Biblioteca Nacional do Rio Janeiro
b. Visitar o Masp
c. Conhecer, Brasília, a maior cidade planejada do mundo
d. Conhecer cidades históricas como Ouro Preto
e. Conhecer a Floresta Amazônica

5. Áreas de interesse.

a. Livros
b. Teatro
c. Máquinas
d. Notícias
e. Eco-turismo

Resultado

Se você escolheu mais respostas A, você é da área de Letras e pode trabalhar como professor, historiador, linguista, tradutor e intérprete ou escritor. Uma pessoa dessa área deve ser sensível, atenciosa e curiosa. Ela também tem que ter paciência e amor pelo que faz.

Se você escolheu mais a letra B, você é de área de artes e pode trabalhar como pintor, escultor, designer, músico, ator ou atriz, cineasta. O profissional dessa área deve ser criativo, ousado, comunicativo e afetuoso. Tem que ter a mente aberta para novidades.

Se você escolheu mais a letra C, você é da área de ciências exatas e pode trabalhar como engenheiro, analista de sistema, programador de games, técnico de informática, matemático ou estatístico. Para trabalhar nessa área, você tem que ser racional, responsável, lógico e minucioso. Deve gostar de aprender e estar sempre atualizado. Deve se sentir à vontade com números e inovação.

Se você escolheu mais a letra D, você é da área de ciências sociais e pode trabalhar como advogado, economista, jornalista, diplomata, juiz, político, assistente social, psicólogo e secretária. Você deve ser simpático, crítico, ético, firme, objetivo e empreendedor. Também tem que ter talento para se expressar.

Se você escolheu mais a letra E, você é da área de ciências naturais e pode trabalhar como biólogo, médico, enfermeiro, fisioterapeuta, arqueólogo, químico, farmacêutico ou veterinário. Você precisa ser solidário, detalhista, compreensivo, tolerante, observador, perfeccionista e versátil. Deve ter interesse pela natureza e estabilidade emocional.

Conversando em Português

Abaixo estão algumas profissões e também características de personalidade comuns. Quais qualidades cada profissional deve ter? Escolha duas qualidades que ele deve ter e um defeito que ele não pode ter.

(1) comunicativo
(2) organizado
(3) crítico
(4) inteligente
(5) pontual
(6) paciente
(7) decidido
(8) determinado
(9) corajoso
(10) ético
(11) honesto
(12) criativo
(13) atlético
(14) atencioso
(15) ativo
(16) discreto
(17) sábio
(18) responsável
(19) seguro
(20) sensível
(21) simpático
(22) bagunceiro
(23) inseguro
(24) indiferente
(25) preguiçoso
(26) indisposto
(27) antipático
(28) arrogante
(29) desorganizado
(30) covarde
(31) medroso
(32) ganancioso
(33) sentimental
(34) grosseiro

V. Cada macaco no seu galho

GRAMATICALMENTE FALANDO

Como você pode perceber, em português, ao contrário do coreano, os adjetivos geralmente ficam depois do substantivo.

Algumas vezes, o adjetivo pode ficar antes do substantivo, mas o sentido muda um pouco. Compare os quadrinhos abaixo.

No primeiro quadrinho, velho quer dizer que faz muito tempo que as pessoas são amigas. No segundo, velho quer dizer que o amigo é idoso. Isso acontece porque, no primeiro caso, o adjetivo aparece à esquerda, sendo uma avaliação subjetiva, uma opinião de quem está falando. Já quando aparece à direita do substantivo, trata-se de uma propriedade objetiva do substantivo.

Conversando em Português

1. Agora, forme frases que mostrem a diferença de sentido entre as expressões de cada par abaixo.

Carro novo × Novo carro

Homem pobre × Pobre homem

Cadeira velha × Velha cadeira

Grau do adjetivo

Abaixo você vai encontrar posts de blogues em que as blogueiras usaram muitas expressões com –inho e –inha.

Tudo 'inho' e 'inha'

 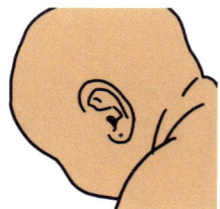 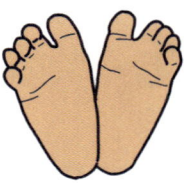

... daqui um tempo (e pelo jeito será bem logo) teremos saudades disso!
Mãozinha, pezinho, orelhinha, narizinho, rostinho... hehehehe.
Como essas 'coisinhas' crescem do dia pra noite. Eles mudam enquanto a gente dorme.

Anitta

Ai que frio! Que roupa que uso nesse frio? Só tenho shortinho, vestidinho, coletinho... tudo inho. Não estou preparada para essa amostra grátis do Pólo norte.

Como tudo vira "inho"

Existem muitas coisas legais de se voltar pra casa. Além das óbvias, tipo rever os amigos, a família, comer as comidas de que se gosta, tem a delícia de se poder ouvir o sotaque de minha terra com o ouvido fresquinho. Quer um exemplo? Outro dia liguei pra um banco porque precisava resolver uma situação, e o diálogo que se seguiu foi mais ou menos assim.

BANCO: Andrea, boa tarde.
EU: Boa tarde, Andrea, preciso resolver esse problema, é aí com vocês mesmo?
BANCO: É sim, qual o nome da senhora?
EU: É Cristiane.
BANCO: Aguarda só um minutinho, Cris, que eu vou resolver.

Aqui na Bahia, em menos de cinco minutos, a funcionária de um banco já estava me tratando por um apelido carinhoso. Depois de tanto tempo de Alemanha, foi gostoso me relembrar de como nosso povo não aguenta formalidade por muito tempo e transforma tudo em «inho». Devagar vira devagarinho, um pouco vira um pouquinho e mãe vira mãezinha. A funcionária do banco ter me chamado de Cris, não significa que ela estava tomando liberdades ou ousadia, como a gente diz aqui. Significa simplesmente que ela deve achar que pra meus amigos e família eu sou mesmo é Crisinha e Cris só é uma consequência natural do nome, Cristiane. E ela tem razão. Aqui em Salvador, eu sou Cris oficialmente e tenho uma série de nominhos bonitinhos pra meus amigos e minha família. Só agora sinto o quanto estava sentindo falta dessa versão mais suave e menorzinha de mim.

Já neste exemplo, a autora usou várias expressões com –ão.

Há quem sonhe com um casarão, um carrão, um dinheirão... um empregão, um piscinão... mas quando fecho os olhos só vejo isto:

Agora vamos comparar adjetivos com o aumentativo –ão e o diminutivo –inho.

CASARÃO

CASINHA

Além de se referir ao tamanho das coisas, o aumentativo e o diminutivo podem indicar importância ou valor afetivo. Compare:

CARRÃO

CARRINHO

DINHEIRÃO

DINHEIRINHO

Bonitão

So Ji-Sub

Bonitinho

Kim Min-Seok

Superlativo

Também podemos usar as expressões mais e menos para comparar os adjetivos.

Exemplos:

Eu acho que o costume mais interessante dos brasileiros é dar três beijinhos de cumprimento.
"Descascar o abacaxi" é a expressão brasileira menos engraçada das várias existentes.
A melhor expressão, em minha opinião, é "enfiar o pé na jaca".
O pior resultado no futebol é 0 x 0.
O maior país do mundo é a Rússia?
O menor carro que eu tive foi um Ford Ka.

Superioridade	Inferioridade	Irregulares
O mais (adjetivo) de A mais (adjetivo) de	O menos (adjetivo) de A menos (adjetivo) de	Bom – o melhor Boa – a melhor Mau – o pior Má – a pior Grande – o maior Grande – a maior Pequeno – o menor Pequena – a menor

1. Complete as frases colocando o adjetivo entre parênteses na forma do superlativo.

a. Você sabia que o Vaticano é (pequeno) _____ país do mundo?
b. O Monte Everest é a montanha (alta) _____ do mundo.
c. Você acha que futebol é (bom) _____ esporte para se praticar? Não, eu acho que é natação.
d. Qual dos dois é (mau) _____: enfiar o pé na jaca ou tomar todas?
e. Qual é (grande) _____ prêmio: o da sena ou da loto?
f. Qual é a língua (difícil) _____ de aprender? Acho que nenhuma.

Conversando em Português

Superlativo absoluto sintético

Se usarmos a terminação –íssimo, indicamos o grau máximo que um adjetivo pode expressar.

Exemplos:

O dia está belíssimo. O céu está claríssimo, sem nuvens.

O Artur é inteligentíssimo.

O João é boníssimo. Tem um coração enorme. (boníssimo = natureza ou qualidade da pessoa)

Os planos eram ótimos, mas a viagem foi péssima.

A prova de português foi facílima, mas teve gente que achou dificílima.

Adjetivos regulares -íssimo	Adjetivos irregulares
Claro: claríssimo Belo: belíssimo Inteligente: inteligentíssimo	Bom / Boa: boníssimo, ótimo Mau / Má: péssimo Maior: máximo Menor: mínimo Difícil: dificílimo Fácil: facílimo

2. Associe as frases da primeira coluna com o significado na segunda. Preste atenção aos adjetivos.

1.	A mensagem do chefe está claríssima. Ele quer que todos estejam na reunião de amanhã.	( ) Que bom que você gostou do filme.
2.	Dona Clara é boníssima. Sempre cuidou de todos.	( ) Não consegui aprender a tocá-lo porque não é nada fácil.
3.	Roberto é muito preguiçoso. Sempre procura fazer o mínimo possível.	( ) A mensagem não deixa dúvidas.
4.	Eu tentei aprender a tocar oboé, mas é um instrumento dificílimo.	( ) São todas muito lindas.
5.	As flores são belíssimas. Não dá para saber qual a mais bonita.	( ) Ela tem um coração bondoso.
6.	Que ótimo, esse filme! Adorei.	( ) Ele não quer fazer quase nada.

V. Cada macaco no seu galho

BRINCANDO E APRENDENDO

1. Quem você levaria para a ilha deserta?

Antes de começar a atividade, sorteie uma profissão da lista abaixo para cada membro do grupo. Vocês estão viajando de navio e ele está afundando. O bote salva-vidas pode levá-los a uma ilha deserta. Infelizmente nem todos vão caber no bote, porque está faltando um lugar. Escolham entre vocês quem ficará para trás no navio. Cada um deve se defender para sobreviver. O grupo votará no final.

Chef de cozinha	Cantor
Atleta	Ator
Babá	Arquiteto
Médico	Barista
Enfermeiro	Executivo
Bombeiro	Bancário
Policial	Gari
Secretária	Pedreiro
Músico	

Conversando em Português

V. Cada macaco no seu galho

2. Olimpíadas

Cada grupo representa um país e terá que competir nas modalidades olímpicas abaixo. Ganha o grupo que conquistar mais medalhas de ouro.

Modalidades

a. Quem consegue ler mais rápido
b. Quem tem o cabelo mais comprido
c. Quem usa o maior número de sapato
d. Quem tem a pior visão
e. Quem mora mais perto
f. Quem toca mais instrumentos
g. Quem tem a menor bolsa (ou mochila)
h. Quem é o melhor cantor
i. Quem é o mais forte numa quebra de braço
j. Quem já viajou para mais lugares

UNIDADE VI: Deixa a vida me levar

Conversando em Português

Entrando no assunto

1. Leia as histórias de três pessoas que mudaram radicalmente de vida.

Daniela Pucci é paulistana e foi, desde sempre, uma excelente aluna. Formada com uma das melhores notas da história da universidade, a Unicamp, logo em seguida, foi fazer um doutorado importante e, ao final, ganhou um prêmio internacional, reconhecendo-a como a melhor na sua área. A partir desse momento, Daniela tinha a carreira lançada.

Um ano depois, aos 28 anos, Daniela entrou como professora para o Departamento de Engenharia Mecânica do MIT, aquela que é considerada a melhor universidade do mundo. Mas, apesar do sucesso e reconhecimento tanto no Brasil quanto internacionalmente, ela não se sentia feliz. Naquela época, a vida profissional não deixava espaço para a pessoal e Pucci sentia falta de algo em sua vida.

A resposta estava no amor que tinha encontrado três anos antes de se tornar professora: o tango. Mesmo tendo encarado a dança como uma atividade de lazer, Daniela Pucci se entregou definitivamente quando foi a Buenos Aires pela primeira vez. Assim que chegou lá, conheceu um outro amor, Luis Bianchi, dançarino profissional e agora companheiro de dança e de vida.

Depois de ter conhecido esses dois amores, Daniela trocou de vez de carreira e passou a ser dançarina profissional de tango. Hoje, ela diz que está mais feliz. "A incerteza dá muito medo. Deixar de lado um caminho que não é muito feliz, mas que não chega a ser terrível, para apostar em algo sem garantia de resultado não é fácil." Mas o resultado, a sua felicidade, valeu a pena.

O fotógrafo brasileiro Sebastião Ribeiro Salgado, mineiro, nasceu na década de 40. Estudou economia na graduação e, em seguida, começou o doutorado na Universidade de São Paulo (USP). Devido às perseguições políticas da ditadura militar, foi para França, onde terminou o doutorado em economia agrícola em dois anos.

Logo após, foi trabalhar na Organização Internacional do Café. Na época em que trabalhava lá, foi para África a trabalho, levando a máquina fotográfica de sua esposa. Desde então nunca mais largou a fotografia. É seguindo por este caminho que ele se transformou em um dos principais e mais venerados fotógrafos da atualidade. Desde os primeiros momentos ele se dedicou a retratar os excluídos, os que se encontram à margem da sociedade.

Irlan Silva passou sua infância literalmente se desviando de balas numa favela tomada pelo crime e drogas no norte do Rio de Janeiro. Mas ele conseguiu, com muito esforço e talento, escapar da realidade sombria das favelas cariocas. Aos 14 anos, Irlan conheceu o balé graças a um projeto social que ofereceu aulas de dança às crianças daquela comunidade tão carente. Imediatamente os professores perceberam o grande talento de Irlan para a dança. Com muito sacrifício dos professores e da sua própria família, Irlan foi participar de um festival de balé em Nova Iorque em 2008. Durante o festival, ele foi visto por um olheiro do American Ballet Theater, a principal companhia de balé do mundo. Logo em seguida, Irlan conseguiu um contrato definitivo no Balé de Boston, onde atua como solista principal desde 2016.

2. E você? Conhece alguém que tenha mudado de vida de um dia para o outro? Em grupos, escolha uma história de mudança de vida para contar ao resto da turma.

Conversando em Português

APROFUNDANDO A CONVERSA

Você acabou de ler textos que contam a história da vida de pessoas e, para isso, usam muitas expressões que se referem ao tempo. Procure você também usar estas expressões quando responder ao questionário abaixo. Depois, entreviste seu colega para conhecer as respostas dele.

PERGUNTA	VOCÊ	COLEGA
Quando você vai se formar?		
Desde quando você estuda português?		
Qual foi a última vez que você fez exercício?		
Qual a próxima vez que você vai ao cinema?		
Há quanto tempo você leu um romance?		
Onde você gosta de ficar quando está estudando?		
Qual foi a última vez que você ficou bêbado?		
O que você vai fazer logo após se formar?		

GRAMATICALMENTE FALANDO

Expressões de tempo

Há diferentes jeitos de falar do tempo.

AQUI E AGORA

A aula começou **há** uma hora
A aula começou **faz** uma hora

A aula vai começar **em** uma hora
A aula vai começar **daqui a** uma hora

Exemplos:

De agora para o passado e para o futuro
  Eu vim para a Coreia há 12 anos.
  Daqui a 3 meses eu vou me formar.
  Desde que cheguei, fiz muitos amigos.
  Maria saiu de casa há duas horas.
  Mas só chegou no trabalho vinte minutos atrás.
  Daqui a pouco, ela vai sair pra almoçar.

INDEPENDENTE DO AQUI E AGORA

Antes da aula eu fui ao médico
Depois da aula eu fui ao médico

← PASSADO — acontecimento — FUTURO →

Depois de duas aulas, há um intervalo
Eu preciso tirar o visto, três meses antes das férias

Referente a um acontecimento específico

Eliana morou na França por 6 anos.

    Antes de ir para França, ela juntou muito dinheiro.

    Um ano depois de se formar, ela arrumou um emprego.

    Eu passei o dia ontem com os meus amigos.

    Almoçamos juntos em um restaurante.

    Antes do almoço, fomos ao parque.

    Depois do almoço, fomos tomar sorvete.

DESDE

Desde que chegou na França, Eliana fez muitos amigos.

Essa empresa está aqui desde 1960.
Já faz 3 anos que eu moro aqui! Desde 2015!

Por X enquanto X durante

Por indica duração, quanto tempo uma coisa demora.
   Coloque a comida no micro-ondas por 20 segundos.
   Eu morei em Londres por um ano.
   Você vai esperar o médico por 15 minutos.

Enquanto e durante também indicam duração, mas duas coisas acontecendo ao mesmo tempo.
   Enquanto você dormia, eu lavei os pratos. (Enquanto + oração completa)
   Durante o sono, eu ouço música. (Durante + nome)

1. Preencha a lacuna com a forma adequada – faz, há ou desde.
   a. Eu tenho esse telefone _____ o ano passado.
   b. Eu estou morando nessa casa _____ dois anos.
   c. Eu estudo português _____ um ano.
   d. Eu fiz exercício _____ uma semana.
   e. Eu não vou ao cinema _____ o mês passado.
   f. Eu aprendi a andar de bicicleta _____ que tinha seis anos.
   g. Eu conheci minha melhor amiga _____ um ano.
   h. Eu acordei _____ cinco minutos.
   i. Eu estou acordada _____ as seis horas da manhã.
   j. Eu cortei o cabelo _____ três semanas.
   k. Eu não compro roupa nova _____ dois meses.
   l. Eu não mando uma carta pelo correio _____ fevereiro.
   m. Eu tenho ido para a escola _____ criança.
   n. Comi uma pizza _____ três horas.

Conversando em Português

VI. Deixe a vida me levar

BRINCANDO E APRENDENDO

Entreviste seus colegas e descubra o que eles já fizeram e o que planejam fazer. Exemplos:

- Você já conhece o Brasil?
  Sim, conheço desde 2015.
  Não, nunca fui ao Brasil.

- Quando você foi ao Brasil?
  Eu fui há um ano.
- Quando planeja ir?
  Daqui a um ano ou no semestre que vem

ATIVIDADE	PASSADO	FUTURO
Se formar		
Viajar para fora		
Arranjar emprego		
Aprender a andar de bicicleta		🚲
Tirar carteira		
Morar sozinho		
Comprar um carro		
Servir ao exército		
Prestar vestibular		
Arrumar um bico		
Aprender um instrumento musical		
Se casar		

76

UNIDADE VII:
O que você faria...?

Conversando em Português

VII. O que você faria?

Entrando no assunto

Ouça a música e tente completar as lacunas.

https://www.youtube.com/watch?v=poZTjSjmZwY

Por Você! **Frejat**

Eu _____ tango no teto
Eu _____
Os trilhos do metrô
Eu _____ a pé
Do Rio a Salvador...
Eu _____
A vida como ela é
_____ a prazo
Pro inferno
Eu _____ banho gelado
No inverno...
Por você!
Eu _____ de beber
Por você!
Eu _____ rico num mês
Eu _____ de meia
Pra virar burguês...
Eu _____
Até o meu nome
Eu _____
Em greve de fome
_____ todo o dia

A mesma mulher...
Por você! Por você!
Por você! Por você!
Por você!
_____ até ficar alegre
_____ todo o céu
De vermelho
Eu _____ mais herdeiros
Que um coelho.
Eu _____
A vida como ela é
_____ a prazo
Pro inferno
Eu _____ banho gelado
No inverno...
Eu _____
Até o meu nome
Eu _____
Em greve de fome
_____ todo o dia
A mesma mulher...

Por você! Por você!
Por você! Por você!

Roberto Frejat, Mauro Santa Cecília

Depois de completar as lacunas, você consegue identificar como se forma o futuro do pretérito?

Preencha a tabela abaixo.

DANÇAR	VIVER	DORMIR
Eu cantar _____	Eu beber _____	Eu dormir _____
Você cantar _____	Você beber _____	Você dormir _____
Ele cantar _____	Ele beber _____	Ele dormir _____
A gente cantar _____	A gente beber _____	A gente dormir _____
Nós cantar _____	Nós beber _____	Nós dormir _____
Vocês cantar _____	Vocês beber _____	Vocês dormir _____
Eles cantar _____	Eles beber _____	Eles dormir _____

Agora vamos conhecer os verbos irregulares do futuro do pretérito, que são dizer, fazer e trazer.

DIZER	FAZER	TRAZER
Eu dir _____	Eu far _____	Eu trar _____
Você dir _____	Você far _____	Você trar _____
Ele dir _____	Ele far _____	Ele trar _____
A gente dir _____	A gente far _____	A gente trar _____
Nós dir _____	Nós far _____	Nós trar _____
Vocês dir _____	Vocês far _____	Vocês trar _____
Eles dir _____	Eles far _____	Eles trar _____

VII. O que você faria?

Conversando em Português

APROFUNDANDO A CONVERSA

VII. O que você faria?

1. Complete as lacunas abaixo com o verbo no tempo adequado.

O que você faria se o mundo acabasse amanhã?

a. Em 1999 muitas pessoas acreditaram que o mundo _____ (acabar) no dia 11 de agosto. Por ocasião do último eclipse do século e baseadas em interpretações de profecias, elas achavam que tudo _____ (ter) fim naquele dia.

b. Por conta de tais previsões, todos se questionavam sobre o que _____ (fazer) caso o mundo realmente acabasse. Alguns _____ (gostar) de pedir demissão do trabalho ou abandonar a escola e ir conhecer lugares a que nunca haviam ido antes. Outros _____ (preferir) ficar com suas famílias e esperar que tudo acontecesse.

c. Havia muitos que _____ (realizar) desejos pessoais: Marcos, um adolescente de 15 anos, por exemplo, _____ (deixar) de lado sua timidez e _____ (fazer) uma declaração de amor para sua amada. "Se ela dissesse não, não _____ (haver) problemas, pois nunca mais _____ (ir/nós) nos ver mesmo." diz.

d. Henrique, 20 anos, _____ (aproveitar) para gastar todo o seu dinheiro. E até o que não possui: "_____ (entrar) em várias lojas, _____ (comprar) o que quisesse e _____ (pagar) tudo com cheques, mesmo não tendo dinheiro suficiente no banco. Ninguém me _____ (cobrar) depois mesmo!"

GRAMATICALMENTE FALANDO

O futuro do pretérito, em português do Brasil, é a forma mais usada para fazer pedidos e sugestões com polidez. O imperativo é mais usado para instruções. Quando se trata de um pedido, o imperativo pode soar muito direto.

O futuro do pretérito é usado para exprimir situações imaginárias ou hipóteses do passado. Coisas que se esperava ou previa que aconteceriam, mas não aconteceram. Por exemplo:

Ontem eu achei que haveria aula, mas a aula foi cancelada.
Eu achei que a gente iria ganhar o jogo, mas perdeu.
De acordo com os filmes, a gente deveria andar em carros voadores, mas ainda dirigimos carros normais.

Como fala de coisas irreais ou hipotéticas, muitas vezes o futuro do pretérito aparece com o imperfeito do subjuntivo, como veremos na próxima unidade.

Como você pode ver nos mêmes abaixo, na fala informal, o futuro do pretérito é usado na sua forma composta.

A forma composta do futuro do pretérito é a seguinte:

Ir no futuro do pretérito + verbo infinitivo

Mais exemplos:
    Parecia que desta vez, tudo seria diferente, tudo iria dar certo.
    Naquele dia, Maria iria ter uma grande surpresa de aniversário.
    Decisões muito importantes iriam ser tomadas na reunião da semana passada.
    Eu sabia que a tecnologia iria ser uma grande vantagem para a nossa equipe.
    Quando você decidiu o que iria estudar na faculdade?

Apesar de a forma composta do futuro do pretérito ser iria + verbo no infinitivo, muitas vezes o verbo é conjugado no imperfeito.
    Parecia que desta vez, tudo seria diferente, tudo ia dar certo.
    Naquele dia, Maria ia ter uma grande surpresa de aniversário.
    Decisões muito importantes iam ser tomadas na reunião da semana passada.
    Eu sabia que a tecnologia ia ser uma grande vantagem para a nossa equipe.
    Quando você decidiu o que ia estudar na faculdade?

Esse horóscopo abaixo é do ano passado. Ele falou de muitas coisas que acabaram não acontecendo. Complete as lacunas com o futuro do pretérito.

Áries – Os arianos _____ (começar) o ano com objetivos claros e concretos. Mas _____ (ser) preciso ter muita paciência para controlar a impulsividade, especialmente no lado profissional.

Touro – Os taurinos _____ (dever) aprender com os erros do passado e seguir em frente. No amor, os taurinos solteiros _____ (ter) que admirar o coração das pessoas.

Gêmeos – Os geminianos _____ (estar) determinados a melhorar o percurso no trabalho. Os solteiros _____ (precisar) ser mais pacientes com os outros.

Câncer – Os cancerianos _____ (tentar) sair da sua zona de conforto a todo custo. No trabalho _____ (poder) haver alguma tensão e estresse.

Leão – Os leoninos _____ (correr) muito devido à quantidade de tarefas. E _____ (procurar) momentos românticos, mas nada de confundir relações passageiras com sentimentos profundos.

Virgem – Os virginianos _____ (ficar) acostumados com a rotina. E _____ (vivenciar) mudanças muito importantes.

VII. O que você faria?

Conversando em Português

VII. O que você faria?

♎ **Libra** – Para os librianos, _____ (haver) mudanças grandes mas necessárias para um novo começo. Eles _____ (aproveitar) as pequenas alegrias e uma aumento de salário.

♏ **Escorpião** – Os escorpianos _____ (entrar) com bases firmes e _____ (estabelecer) objetivos bem definidos.

♐ **Sagitário** – Os sagitarianos _____ (crescer) aos poucos em direção ao sucesso e _____ (explorar) coisas novas no trabalho.

♑ **Capricórnio** – Os capricornianos _____ (entender) que os bens materiais não são tão importantes e _____ (prestar) mais atenção aos valores espirituais.

♒ **Aquário** – Os aquarianos _____ (agir) de maneira diferente do usual e _____ (sentir) vontade de fugir da rotina.

♓ **Peixes** – Os piscianos _____ (ver) finalmente os resultados do grande empenho de até agora. E _____ (fazer) o possível para manter o romance firme.

BRINCANDO E APRENDENDO

1. Abaixo estão algumas situações em que é preciso fazer pedidos ou sugestões. Tente elaborar as sentenças usando o futuro do pretérito.

a. Seu vizinho está fazendo muito barulho à noite. (poder)
_____

b. Você está com visita em casa e quer oferecer um bolo. (gostar)
_____

c. Você está terminando a refeição em um restaurante e quer pedir um café. (querer)
_____

d. Você está segurando sacolas pesadas nas duas mãos e não consegue chamar o elevador. Há um vizinho que acaba de chegar. (poder)
_____

e. Você está num ponto de ônibus e uma pessoa começa a fumar. (se importar)
_____

2. Consulta sentimental

Você é colunista de um jornal para quem os leitores escrevem pedindo conselhos. Abaixo estão algumas cartas desses leitores para você responder. Diga para eles o que eles deveriam fazer.

a. Eu tenho um filho de 14 anos. Ele era um menino muito bonzinho e estudioso. Mas há algum tempo, ele está viciado em games. Agora ele não quer mais saber de outra coisa. Não quer ir à escola, nem sair com amigos, nem sequer tomar banho. Eu já sentei para conversar com ele, já briguei também, mas nada adianta. O que eu faço?

b. Eu tenho um emprego que paga muito bem. Mas o meu chefe está me deixando muito estressado. Ele é grosseiro, autoritário, preguiçoso e exigente. Muitas vezes eu faço o trabalho dele e o meu. E ele nunca agradece. Eu estou ficando doente com essa situação, mas o salário é muito bom. O que devo fazer?

c. Meu namorado é lindo, bonzinho e é perfeito quando está comigo. Mas depois do encontro, ele some. Diz que vai ligar ou mandar mensagem quando chegar em casa, mas nunca cumpre. Às vezes, ele não responde às minhas mensagens e outras vezes ele chega a passar dias sem dar notícias. O que você faria no meu lugar?

d. Eu fiquei sem casa no semestre passado e meu amigo me convidou para dividir o quarto dele. Foi realmente muita bondade da parte dele. Ele é muito gente boa. Mas o quarto é imundo, parece um chiqueiro. Eu até já me ofereci para limpar o quarto, mas ele não gosta que mexam nas coisas dele. E agora?

UNIDADE VIII: Se eu fosse você...

Conversando em Português

Entrando no Assunto

VIII. Se eu fosse você…

Ouça a música, prestando atenção à letra e preencha as lacunas.

https://www.youtube.com/watch?v=x2L3GEI0mg4

Se eu não te _____ tanto assim

Ivete Sangalo

Meu coração, sem direção
Voando só por voar
Sem saber onde chegar
Sonhando em te encontrar
E as estrelas
Que hoje eu descobri
No seu olhar
As estrelas vão me guiar
Se eu não te _____ tanto assim
Talvez perdesse os sonhos
Dentro de mim
E _____ na escuridão
Se eu não te _____ tanto assim
Talvez não visse flores
Por onde eu vim
Dentro do meu coração
Hoje eu sei, eu te amei
No vento de um temporal
Mas fui mais, muito além
Do tempo do vendaval
Nos desejos
Num beijo

Que eu jamais provei igual
E…
Nos desejos
Num beijo
Que eu jamais provei igual
E as estrelas dão um sinal
Se eu não te _____ tanto assim
Talvez _____ os sonhos
Dentro de mim
E _____ na escuridão
Se eu não te _____ tanto assim
Talvez não _____ flores
Por onde eu vim
Dentro do meu coração

Herbert Vianna, Paulo Sérgio Valle

APROFUNDANDO A CONVERSA

VIII. Se eu fosse você...

Use a imaginação e responda.

a. Se você pudesse ter um super poder, qual super poder você escolheria?

b. Se você tivesse muito dinheiro, qual a primeira coisa que você compraria?

c. Se você pudesse viajar para qualquer lugar neste momento, para onde você iria?

d. Se você pudesse aprender um assunto em um único dia, o que você aprenderia?

e. Se você pudesse reencarnar em um animal, que animal seria esse?

GRAMATICALMENTE FALANDO

Quando usamos o imperfeito do subjuntivo, podemos falar de situações completamente irreais ou hipotéticas.

VERBOS NO FUTURO DO PRETÉRITO DO INDICATIVO E NO IMPERFEITO DO SUBJUNTIVO

Normalmente estes dois tempos verbais são utilizados em conjunto. Servem para indicar

a) Hipóteses. – Júlio iria para Belo Horizonte se a mãe dele lhe desse dinheiro.

b) Fatos irreais ou improváveis. – Se eu encontrasse uma fada madrinha, faria vários pedidos.

Correspondem a duas partes

        Futuro do Subjuntivo + Futuro do pretérito

        Se eu fosse rica + eu viajaria o mundo todo

Exemplos

Eu pagaria a conta, mas não tenho dinheiro.

Ele abriria a porta, mas está sem a chave.

Elas viriam à festa, mas não sabem chegar aqui.

Nós chegaríamos mais cedo, só que o ônibus quebrou.

IMPERFEITO DO SUBJUNTIVO

USO	FORMAÇÃO	TERMINAÇÕES
Hipótese	Substituímos, na 3ª pessoa do plural do pretérito perfeito, a terminção -ram pelas terminações ao lado.	-sse; -sse; -ssemos; -ssem
-ar	-er	-ir
Se eu ganhasse Se você/ ele/ ela/a gente ganhasse Se nós ganhássemos Se vocês / eles/ elas ganhassem	Se eu perdesse Se você/ ele/ ela/ a gente perdesse Se nós perdêssemos Se você / eles/ elas perdessem	Se eu dormisse Se você/ ele/ ela/ a gente dormisse Nós dormíssemos Se vocês / eles/ elas dormissem

1. Associe as frases de A com as de B.

A	B
a. Se vocês abrissem uma loja,	( ) que país escolheria?
b. Se você pudesse escolher uma nacionalidade,	( ) viajaria pelo mundo inteiro.
c. Se eu fosse você,	( ) poderíamos ficar famosos.
d. Se a gente gostasse de cantar,	( ) visitariam os cassinos de lá.
e. Se nós ganhássemos na loteria,	( ) o que venderiam?
f. Se eles fossem para Mônaco,	( ) economizaria dinheiro.

2. Complete as sentenças abaixo.

a. Eu me casaria se _____

b. Você gastaria menos se _____

c. Tiago seria mais legal se _____

d. Minha namorada brigaria menos comigo se _____

e. Você largaria tudo se _____

f. Eu trocaria de trabalho se _____

g. Nós venderíamos nossa casa se _____

h. Minha avó me contaria histórias se _____

VIII. Se eu fosse você...

Conversando em Português

BRINCANDO E APRENDENDO

VIII. Se eu fosse você...

1. Abaixo estão algumas situações imaginárias. Leia e discuta com seus colegas o que você faria em cada uma delas.

Se o caixa devolvesse um troco maior do que devia	Se você ganhasse na loteria
Se alguém roubasse sua carteira	Se você tivesse só um dia para viver
Se o garçom fosse grosseiro com você	Se você encontrasse uma cobra no banheiro
Se você acidentalmente quebrasse uma janela mas ninguém tivesse visto	Se você se perdesse no deserto
Se você descobrisse que um amigo mentiu para você	Se você visse o namorado da sua melhor amiga com outra mulher
Se você ficasse invisível	Se você estivesse fora da cidade e perdesse todo seu dinheiro
Se seu cachorro comesse sua tarefa de casa	Se seu carro quebrasse na estrada
Se você pudesse aprender qualquer assunto em um dia	Se um alien aparecesse na sua casa

2. Forme grupos com seus colegas. Cada membro do grupo deve pensar em alguns objetos ou invenções que são usados no dia a dia. Não diga em quais objetos você pensou pois os colegas deverão adivinhar. Para isso, crie uma frase que diga como o mundo seria se aquele objeto não existisse.

Exemplo.: Se _____ não existisse, a gente _____.
Se <u>carro</u> não existisse, <u>mais gente andaria a cavalo.</u>
Se a <u>lâmpada</u> não existisse, a gente <u>não poderia ler à noite.</u>

UNIDADE IX: Bata na madeira!

Conversando em Português

ENTRANDO NO ASSUNTO

IX. Bata na madeira

> Se eu fizer isso, o que acontece?

https://create.kahoot.it/details/se-eu-fizer-isso-o-que-acontece/0335d250-73e0-4fbc-a7ab-66ae90b21f19

Superstições

Em grupos, tentem lembrar de superstições comuns na Coreia. Fale de pelo menos quatro.

1. _____
2. _____
3. _____
4. _____

APROFUNDANDO A CONVERSA

1. Essa é uma música famosa brasileira. Ouça a música e preencha as lacunas com verbos no futuro do subjuntivo.

Dia Branco

Fabiana Lourenço

Se você _____
Pro que _____ e _____
Comigo

Eu lhe prometo o sol
Se hoje o sol _____
Ou a chuva
Se a chuva _____

Se você _____
Até onde a gente chegar
Numa praça

Na beira do mar
Num pedaço de qualquer lugar
Nesse dia branco
Se branco ele _____
Esse tanto
Esse canto de amor
Oh! oh! oh

Se você _____ e _____
Pro que _____ e _____
Comigo

Geraldo Azevedo, Renato Rocha

GRAMATICALMENTE FALANDO

Verbos no subjuntivo

Os tempos do subjuntivo referem-se sempre a coisas imaginárias.

1. Imperfeito do subjuntivo: hipótese, não precisa ser real.
   Se eu pudesse, o Chuseok duraria uma semana.
   Se o Chuseok durasse uma semana, eu ficaria descansando.

2. Futuro do subjuntivo: coisas que podem ser reais, planos, possibilidade do futuro.
   Se eu estiver na Coreia ano que vem, eu vou para Jeju no Chuseok.
   Quando eu puder, eu vou para casa descansar.

3. Presente do subjuntivo: crença, desejo, opinião sobre coisas do presente.
   Espero que eu vá para Jeju.
   É provável que eu esteja na Coreia ano que vem.
   Talvez eu consiga descansar.

FUTURO DO SUBJUNTIVO

USO	FORMAÇÃO	TERMINAÇÕES
Planos	Forma-se a partir da terceira pessoa do plural do pretérito perfeito: ganharam, perderam, fizeram Retira-se o -am: ganhar, perder, fizer. Se o verbo estiver no plural, devemos colocar a terminação de número: se nós ganhar**mos**, se vocês perde**rem**, se eles fizer**em**.	
-AR	-ER	-IR
Se eu ganhar Se você/ ele/ ela /a gente ganhar Se nós ganharmos Se vocês/ eles/ elas ganharem	Se eu perder Se você/ ele/ ela /a gente perder Se nós perdermos Se vocês/ eles / elas perderem	Se eu dormir Se você /ele / ela/ a gente dormir Se nós dormirmos Se vocês / eles / elas dormirem

Como você pode ver, muitas vezes o futuro do subjuntivo é igual ao infinitivo mas encontramos alguns casos importantes que parecem irregulares. Veja a tabela de conjugação de alguns verbos no futuro do subjuntivo.

Ter	Tiver	Vir	Vier	Fazer	Fizer
Saber	Souber	Ver	Vir	Dizer	Disser
Haver	Houver	Ir	For	Caber	Couber
PÔR	Puser	Ser	For	Dar	Der
Trazer	Trouxer	Estar	Estiver		
Querer	Quiser	Poder	Puder		

Conversando em Português

1. Assinale a frase em que está correta a correlação verbal.

a. Se você trabalhasse, tinha mais dinheiro.
b. Se você trabalhasse, teria mais dinheiro.
c. Se você trabalhasse, vai ter mais dinheiro.
d. Se você trabalha, teria mais dinheiro.
e. Se você trabalhasse, tivesse mais dinheiro.

2. Complete as frases abaixo com os verbos conjugados corretamente (futuro do subjuntivo ou futuro do presente).

a. Quando eu _____, _____ uma nova viagem. (poder, fazer)

b. Se ela _____ comprar um carro novo, _____ economizar. (querer, precisar)

c. Assim que João _____ o resultado, ele _____ a nota. (ter, enviar)

d. Quando vocês _____ me visitar, nós _____ algo para relaxar e relembrar os velhos tempos. (vir, tomar)

e. Quando nós _____ o dinheiro suficiente, _____ a casa. (ter, reformar)

f. Assim que nós _____ de férias, _____ nossos avós. (estar, visitar)

g. Se você _____, eu _____ mais tarde. (querer, ligar)

h. Se você _____, o trabalho _____ rápido. (ajudar, ser)

i. Quando você _____ a minha casa, _____ bem-vindo. (vir, ser)

j. Se eu _____ para a praia, eu _____ . (ir, descansar)

IX. Bata na madeira

BRINCANDO E APRENDENDO

1. Em pares, complete as sentenças abaixo. Um estudante compela as sentenças da coluna A e o outro as da coluna B. Depois, vocês vão discutir as respostas tentando adivinhar as respostas do colega.

COLUNA A	COLUNA B
Se eu conseguisse um emprego, ...	Eu faria seu jantar se ...
Se eu tivesse mais tempo livre, ...	Se eu estudar bastante, ...
Se você tomar muito café, ...	Eu emprestaria dinheiro a alguém se ...
Eu ia ficar cansado se ...	Se você não levar uma sombrinha, ...
Se estudar muito, ...	Se eu fizer compras, ...
Eu ia ficar feliz se ...	Eu cantaria uma música se ...
Se você pagar meu almoço, ...	Se eu tivesse tempo suficiente, ...
Se você não fizer suas tarefas de casa, ...	Se chover muito esse final de semana, ...
Se não chover esse final de semana, ...	Se dormir muito tarde, ...
Eu me sentiria muito sozinho se...	Se você chegar atrasado na aula, ...

Conversando em Português

IX. Bata na madeira

2. O que você faria em cada uma das situações ilustradas abaixo? Faça uma frase para QUANDO ou SE cada situação acontecer em sua vida.

	SE	QUANDO
 aniversário		
 casamento		
 formatura		
 viagem		
 rico		
 famoso		
 filhos		

3. Você conhece o jogo da velha? Uma pessoa escolhe O e a outra X. Aquele que tiver o X começa escolhendo uma frase qualquer, em qualquer lugar, e deve completar a frase de forma correta. Quem acerta marca a casa com o seu símbolo. Ganha aquele que conseguir marcar cinco casas seguidas, na vertical, na horizontal, ou na diagonal.

Jogo da Velha 1

Se fizer sol esse final de semana, ...	Se eu conseguir um novo emprego, ...	Se você não levar um guarda-chuva, ...	Se você estudar português todo dia, ...	Se você não fizer suas tarefas de casa, ...
Se eu estiver cansado, ...	Se você chegar atrasado na aula, ...	Se meus amigos forem viajar sem mim, ...	Se eu trabalhar duro, ...	Se eu ficar acordado até tarde, ...
Se eu comprar uma bicicleta nova, ...	Se você não se apressar, ...	Se você for ao Brasil, ...	Se você se exercitar todo dia, ...	Se eu tiver uma dor de cabeça, ...
Se eu comer demais, ...	Se eu fizer compras, ...	Se eu beber café demais, ...	Se não houver nada de bom na televisão hoje, ...	Se nós formos à praia, ...
Se você chegar na hora, ...	Se vocês tiverem sede, ...	Se a gente pegar o metrô, ...	Se minha amiga for ao cinema hoje à noite, ...	Se meu namorado mentir para mim, ...

Conversando em Português

4. No jogo da velha 2, as regras são as mesmas, mas agora você deve completar as frases com o subjuntivo.

Jogo da Velha 2

Eu prometo levar você se ...	Eu vou fazer regime se ...	Eu vou ficar feliz se...	Minha mãe vai ficar brava se...	Eu vou com você se...
Eu vou acordar tarde se...	Nós vamos ter sorte se...	Você vai perder o trem se...	Eu vou ligar para você se...	Eu vou ficar saudável se...
Eu vou fazer o jantar para você se...	Você vai ficar com frio se...	Eu vou levar o meu gato para o veterinário se...	Eu nunca mais vou falar com você se...	Eu vou comprar um carro novo se...
Você vai ter um grande problema se...	Nós vamos ao parque se...	Eu vou atender o telefone se...	Você não teria dinheiro se...	Eu vou fechar a porta se...
O professor vai ficar zangado se...	Você vai passar na prova se...	Eu vou ao banco se...	Você vai se sentir melhor se...	Eu vou ficar triste se...

UNIDADE X: Não ponha o carro na frente dos bois

Conversando em Português

X. Não ponha o carro na frente dos bois

Entrando no assunto

O labirinto está cheio de palavras em português, mas só um caminho leva à saída.

Conseguiu sair do labirinto?

Então escreva abaixo todas as dez palavras que você encontrou pelo caminho correto.

1. _____
2. _____
3. _____
4. _____
5. _____
6. _____
7. _____
8. _____
9. _____
10. _____

Agora dê uma olhada na lista abaixo e compare com as palavras que você listou.

1. Agradar
2. Budista
3. Refazer
4. Educado
5. Infeliz
6. Possível
7. Regular
8. China
9. História
10. Ver

X. Não ponha o carro na frente dos bois

Conversando em Português

X. Não ponha o carro na frente dos bois

APROFUNDANDO A CONVERSA

Como você pode perceber, em português, criamos novas palavras juntando "peças" no começo ou no fim delas. Veja os exemplos a seguir.

Amor	(**Lei**)
Amável	**Leg**al
Amoroso	**Leg**alidade
Amante	**Leg**almente
Amado	**Leg**alizar
Amar	**Leg**alização
Amador	Des**leg**alização
Des**amor**	I**leg**al

Quando colocamos as "peças", mudamos o sentido da palavra base.

Tente mudar o sentido da palavra FELIZ, colocando novas peças no começo ou no fim.

FELIZ

_____

_____

_____

_____

_____

_____

GRAMATICALMENTE FALANDO

As "peças" que colocamos no começo das palavras se chamam prefixos, e as que colocamos no final se chamam sufixos.

Em português, podemos colocar vários sufixos e prefixos ao mesmo tempo em uma base.

Veja o exemplo.

Poder
Possível
Possibilidade
Impossibilidade

Cada sufixo e prefixo tem um sentido. Veja nas tabelas a seguir os sufixos e prefixos mais comuns no português.

X. Não ponha o carro na frente dos bois

Conversando em Português

X. Não ponha o carro na frente dos bois

LISTA DE SUFIXOS		
Sufixo	Significado	Exemplo
-ês	nacionalidade	francês, japonês
-dor	profissão	vendedor, cantor, tradutor
-mente	maneira, forma	claramente, exatamente
-ista	profissão	artista, pianista, jornalista
-aria	indica lugar	padaria, confeitaria
-ada	ferimento, golpe ou marca produzida por um determinado instrumento	unhada, martelada, facada, bofetada, pedrada
-cídio	ato de matar	homicídio
-agem	conjunto, coletivo	pastagem, folhagem
-ite	doença, inflamação	hepatite, rinite, bronquite
-er (-ar, -ir)*	verbo	comer, saber.
*esse caso é excepcional porque esse tipo de afixo é chamado tecnicamente de desinência verbal		
-ável	que tem a validade de fazer algo	amável, adorável, encontrável
-oso	qualidade de alguma coisa	gostoso, carinhoso
-ação	fazer algo ou colocar algo em ação	educação, comemoração
-logia	uma ciência ou teoria	biologia, ecologia
-eza	um estado ou qualidade	beleza, fraqueza, certeza
-ano	nacionalidade ou lugar	americano, coreano
-ção	um processo	fabricação, educação, navegação
-eiro	objeto para guardar algo	saleiro, açucareiro
-ada	conjunto, quantidade	colherada, garfada, jogada
-ismo	religião ou linha política e teórica	capitalismo, budismo, cristianismo
-ente	que tem uma qualidade	paciente, carente
-ante	qualidade ou que faz uma coisa	tolerante, imigrante, estudante

LISTA DE PREFIXOS		
Prefixo	Significado	Exemplo
des-	se liga à base verbal e indica o contrário da ação	fazer, desfazer carregar, descarregar interessar, desinteressar
re-	se liga à base verbal e indica repetição da ação	fazer, refazer pensar, repensar pôr, repor
anti-	se liga ao substantivo e indica o oposto do substantivo	anticoncepcional, antirrugas, antibiótico
ante-	se liga a verbos e substantivos e indica algo que vem antes	anteontem, antepassado, antebraço
auto-	se liga a verbos e substantivos e indica que a ação é voltada para o próprio agente	autoestima, autoajuda, autodidata
pre-	se liga a verbos e substantivos e indica algo que vem antes	pré-história, prever, pré-escola
ex-	se liga à base substantiva e indica algo que deixou de ser	ex-namorado, ex-presidente, ex-funcionário
in- (im-, ir-)	se liga à base adjetiva e indica o contrário da qualidade	impossível, infeliz, irracional

X. Não ponha o carro na frente dos bois

BRINCANDO E APRENDENDO

1. Jogo de tabuleiro com sequência de cinco casas.

O objetivo desse jogo é criar uma linha ininterrupta de cinco casas em qualquer direção. Para isso, em grupos, os jogadores sortearão a ordem de jogada. O primeiro jogador escolherá uma casa qualquer. Para ganhar a casa, ele deve formar uma palavra correta com o sufixo daquela casa. Se acertar a palavra, a casa será dele. O próximo jogador deverá escolher uma outra casa, procurando bloquear o avanço dos jogadores anteriores, mas, ao mesmo tempo, procurando formar uma linha ininterrupta com cinco casas suas.

2. Dominó de prefixo

Já jogou dominó? Dominó é um jogo muito popular no Brasil. Pois criamos um dominó, que está no anexo 4, com prefixos e palavras base para você jogar com seus colegas.

Cada pedra de dominó tem dois lados com números diferentes. O objetivo é encaixar as pedras de números iguais.

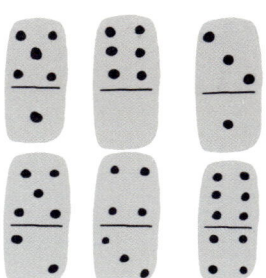

No nosso jogo, ao invés de números, nós temos dominós com uma palavra-base de um lado e um prefixo do outro. Procure encaixar a palavra-base com o prefixo, formando uma nova palavra que faça sentido. Ganha aquele que usar todas as pedras primeiro.

Se precisar, você pode treinar o jogo do dominó online no site
https://www.agame.com/game/dominoes-classic

3. Não deixe a peteca cair

O professor vai dividir a turma em dois times que se posicionarão em lados opostos da sala.

Em seguida, ele vai lançar a peteca, que é uma palavra-base com um sufixo e/ou prefixo.

Cada time tem de passar a peteca dizendo rapidamente uma outra palavra com o mesmo sufixo e/ou prefixo.

Exemplo:

O professor joga a peteca *pianista*.

O time A recebe a peteca dizendo *motorista*.

O time B devolve a peteca dizendo *comunista* e assim por diante.

Perde o time que deixar "a peteca cair", ou seja, não conseguir dizer a palavra correta.

Anexos

Conversando em Português

Anexo 1- Unidade II

Anexo 2 - Unidade III

Todo dia, Maria ia para a escola de bicicleta.
Luís tirou férias e viajou para o Rio.
Cláudia encontrou uma amiga no clube e jogou tênis com ela.
Provei cenoura e não gostei.
Quando era jovem, Helena sonhava em ser cantora.
Pedro sofreu um acidente e fez uma cirurgia.
Helena tirou um cochilo e sonhou com uma cantora.
Luís era comissário de bordo e viajava o mundo inteiro.
Ontem Maria estava atrasada e foi para a escola de bicicleta.
Cláudia jogava tênis três vezes por semana no clube.
Quando eu era criança, não gostava de cenoura.
João fazia cirurgias.

Conversando em Português

Anexo 3 – Unidade IV

Queimado de sol	Perna quebrada
Febre	Gripe
Enjoo	Dor nas costas
Dor de ouvido	Dor de garganta
Dor de barriga	Dor de dente
Dor de cabeça	Braço quebrado

Anexo 4 - Unidade XII

possível	des	aparecer	re	escrever	in
feliz	ir	responsável	ante	ontem	i
legal	in	sensível	des	honesto	des
informado	im	paciente	ir	regular	i
lógico	in	tolerante	anti	concepcional	a
normal	des	leal	des	cascar	anti
rugas	re	por	des	casar	re
fazer	in	discreto	re	embolsar	im